Maren
Schneider

Der Weg der
Achtsamkeit

Maren Schneider

Der Weg der Achtsamkeit

Bewusstheit und Meditation
im täglichen Leben

Knaur
MensSana

Besuchen Sie uns im Internet: www.droemer-knaur.de
Alle Titel aus dem Bereich MensSana finden Sie im Internet unter
www.knaur-mens-sana.de

Originalausgabe
Copyright © 2009 Knaur Verlag
Ein Unternehmen der Droemerschen Verlagsanstalt
Th. Knaur Nachf. GmbH & Co. KG, München.
Alle Rechte vorbehalten. Das Werk darf – auch teilweise – nur
mit Genehmigung des Verlags wiedergegeben werden.
Redaktion: Ursula Richard
Umschlaggestaltung: ZERO Werbeagentur, München
Umschlagabbildung: FinePic, München
Satz: Adobe InDesign im Verlag
Druck und Bindung: CPI – Ebner & Spiegel, Ulm
Printed in Germany
ISBN 978-3-426-65627-3

2 4 5 3 1

Inhalt

Achtsam leben und arbeiten 139

Den Weg gehen 217

Anhang 233

Vorwort

Dieses Buch schreibe ich auf Bitten der Teilnehmerinnen und Teilnehmer meiner MBSR, Achtsamkeits- und Meditationskurse, die immer wieder nach einem Buch fragten, das die Achtsamkeit im Alltag und die Übung der Meditation einfach und umsetzbar zusammenfasst. Das vorliegende Buch erhebt nicht den Anspruch, ein gelehrtes Werk zu sein, ganz im Gegenteil, es ist bewusst einfach und alltagsbezogen geschrieben.

Ursprünglich stammt die Achtsamkeitspraxis aus dem südostasiatischen Buddhismus; sie ist jedoch frei von jeglicher religiöser oder spiritueller Tradition und Ausrichtung praktizierbar und ermöglicht so vielen Menschen jedweder Konfession oder Nichtkonfession einen universellen Zugang zur Achtsamkeit.

Möge dieses Buch Quelle von Freude, Erfahrung und Entwicklung sein und ein Licht ins Dunkel tragen.

Dank

Ich danke meinen Lehrerinnen und Lehrern, die mich seit vielen Jahren immer wieder geduldig begleiten, von ganzem Herzen für den wertvollen Gedankenaustausch und ihre liebevollen und klaren Belehrungen, die meine Praxis und meine daraus erwachsene Erfahrung prägen. Hauptsächlich sind dies Lama Drime Öser, Lama Yeshe Sangmo und Lama Dordje Drölma. Prägend sind und waren für mich ebenso Lama Gendün Rinpoche, Lama Walli, Lama Sönam Lhündrup, Dr. Linda Myoki Lehrhaupt, Prof. Jon Kabat-Zinn und Prof. Mark Williams, denen gegenüber ich an dieser Stelle meinen tiefempfundenen Dank und meine Wertschätzung zum Ausdruck bringen möchte. Eventuelle Fehler oder Widersprüchlichkeiten in meiner Darlegung der Achtsamkeitspraxis sind alleine nur mir und meiner begrenzten Erfahrung zuzuschreiben, und ich bitte hierfür um Nachsicht.

Ich danke meinen Eltern aus ganzem Herzen für alles, was sie für mich getan haben, und Karsten Volkmer, der in unerschütterlicher Liebe an mich glaubt, mir in schwierigen Zeiten immer wieder Mut und Kraft gibt und mir bei der Verwirklichung meiner Projekte zur Seite steht.

Außerdem danke ich den Teilnehmerinnen und Teilnehmern meiner Meditations- und Achtsamkeitskurse. Ohne sie würde dieses Buch nicht existieren. Ich danke ihnen für die Entwicklung, die wir gemeinsam machen und für die vielen Erkenntnisse, die durch sie entstanden sind.

Ich danke meiner Agentin und Lektorin Ursula Richard für die vortreffliche Vermittlung, ihre hilfreichen Anregungen und Vorschläge sowie unsere inspirierenden Gespräche.

Einführung

E s ist ein wunderschöner Abend. Ich sitze in eine Decke eingekuschelt auf meinem Balkon. Auch wenn es erst Mitte August ist, es ist schon so kühl, als wäre es Herbst. Ich möchte noch nicht hineingehen, denn wie inspirierend ist doch der Himmel, in den ich schaue, während sich meine Gedanken formen. Es ist, als würden die Gedanken freigelassen und aus den fest gefügten Mauern ausbrechen.

Der Himmel hat mich schon als Kind immens fasziniert. Wir schauen auf zum Himmel, doch wer sagt uns, dass wir nicht hinunter in den Himmel schauen und dabei kopfüber durch die Schwerkraft mit den Füßen an der Erde kleben? Alles eine Sache der Betrachtung. Die Erde ist umgeben vom Universum. Wo ist dort oben und unten? Wenn ich als kleines Kind mein Zimmer nicht mehr leiden konnte, legte ich mich einfach rücklings auf mein Bett und ließ meinen Kopf nach unten baumeln. Mein Zimmer stand Kopf, und auf einmal sah alles ganz anders aus. Ich erkannte die Symmetrie der Möbel, entdeckte Dinge, die ich von oben nicht sehen konnte, und plötzlich war ich mit meinem Zimmer wieder ganz zufrieden. Es gab eben mehr als nur eine Perspektive. Warum erzähle ich das? Nun, mit der Achtsamkeit verhält es sich ähnlich. Achtsamkeit beleuchtet die Dinge aus mehr als nur (m)einer Perspektive. Achtsamkeit lässt unser Leben reicher und bunter werden, lässt uns teilhaben an dem, was wirklich ist, ohne es zu werten oder ihm etwas hinzuzufügen. Sie lässt uns das Leben schmecken in allen Nuancen. Sie lässt uns intensiv fühlen, riechen und sehen. Sie lässt uns in einen sehr unmittelbaren Kontakt mit den Dingen treten, wie sie sind – mit den Menschen in unserer Umgebung, mit unserer Umwelt, aber auch mit uns selbst, mit dem, was uns in unserem Inneren wirklich bewegt, ohne dass wir uns wie gewöhnlich davor verschließen, uns betäuben oder gar davor weglaufen.

Achtsamkeit bedeutet, so aufmerksam und so bewusst wie möglich den gegenwärtigen Moment, das JETZT, wahrzunehmen und in ihm zu verweilen, mit einer wertneutralen, offenen und annehmenden Haltung gegenüber allem, was von Moment zu Moment passiert. Es ist eine sehr friedfertige Herangehensweise. Bedenken wir, wie oft uns der gegenwärtige Augenblick nicht gefällt, wir rebellieren und die Dinge und uns selbst anders haben wollen, als sie gerade sind. Wie viel Stress und auch Streit dadurch entstehen! Achtsam zu sein bedeutet nicht, keine eigene Meinung mehr zu haben oder zu allem ja und amen zu sagen. Ganz im Gegenteil. Es bedeutet, Verantwortung für das eigene Leben zu übernehmen. Achtsamkeit ist eine Methode, die vollkommen unmanipulativ gegenüber uns und unserer Umwelt ist, die sehr klar, liebevoll und fair ist. Achtsamkeit hilft, unser Leben heilsamer zu gestalten, Wege zu finden, achtsamer mit unseren Ressourcen umzugehen, authentischer zu kommunizieren, uns und andere besser zu verstehen und Lösungen zu finden, die uns alle wirklich weiterbringen und fördern.

Achtsamkeit ist als Methode sehr universell einsetzbar. Allerdings reicht es nicht, Bücher über Achtsamkeit zu lesen. Achtsamkeit lebt vom Selber-(Er-)leben, vom Praktizieren, Üben und Ausprobieren. Dennoch ist es sehr hilfreich, immer wieder auch einmal etwas über Achtsamkeit zu lesen, um mehr über diese spannende Lebensweise zu erfahren, auftauchende Fragen mit

Gleichgesinnten, einem Lehrer, einer Lehrerin zu klären und sich immer wieder neue Inspiration zu holen. In diesem steten Wechsel von Literaturstudium, Übung im Alltag und Arbeit mit einem Lehrer wird sich die Achtsamkeitspraxis nach und nach vertiefen und alle Ihre Qualitäten freilegen. Ein faszinierender Weg, der das Leben grundlegend verändert.

Zum Aufbau dieses Buches

Als Einführung und um Ihnen ein tieferes Verständnis der Achtsamkeit zu ermöglichen, werde ich mit der traditionellen Grundlage der Achtsamkeitspraxis, dem *Satipatthana-Sutta*, beginnen. Das *Satipatthana-Sutta* war die erste Lehrrede über die Achtsamkeit, die der Buddha vor zweitausendfünfhundert Jahren gehalten hat, und sie hat bis heute ihre Aktualität bewahren können. Ich möchte im Folgenden die vier Grundlagen der Achtsamkeit, die in diesem klassischen, poetischen Text beschrieben sind, näher erläutern, um einen ersten Einblick in die Übung der Achtsamkeit zu geben. Die einzelnen Aspekte der Achtsamkeit sind im Kapitel »Die acht Punkte der Achtsamkeit« zusammengefasst und lehnen sich an die sieben empfohlenen Geisteshaltungen oder Einstellungen zur Meditation an, die auch Jon Kabat-Zinn in seinem Buch *Gesund durch Meditation* vorstellt und die ich noch um einen weiteren Punkt – Liebe und Mitgefühl – ergänzt habe, Qualitäten, die unerlässlich sind für den Weg der Achtsamkeit. Auf dieser Basis aufbauend gehe ich dann auf die Meditation und die Praxis im Alltag ein, so dass Sie aus einem großen Schatz von Anregungen und Übungen schöpfen können.

Eine der wichtigsten Voraussetzungen für die Übung der Achtsamkeit ist die Bereitschaft, eine achtsame Haltung uns selbst gegenüber und den Dingen um uns herum zu entwickeln, das heißt, den Willen und die Bereitschaft zu haben, das bewusste Sein zu schulen. Bewusst hinzuschauen, hinzuhören, zu riechen und zu schmecken, zu fühlen, eben ganz bewusst präsent im Hier und Jetzt zu leben, wie auch immer es sich darstellen mag.

Achtsamkeit lädt uns ein, uns selbst immer tiefer kennenzulernen und mit uns und dem Leben Frieden zu schließen, in Kontakt mit problematischen Situationen und Gefühlen zu bleiben, anstatt vor ihnen wegzulaufen oder die Sinne und Wahrnehmung zu betäuben. Wer der Einladung folgt, kann die Stärke entwickeln, auch die schwierigen Momente des Lebens, die sich unweigerlich immer wieder einstellen, zu meistern. Man kann die Berge nicht ohne die Täler haben, heißt es, und wo Licht ist, ist auch Schatten. Mit Hilfe der Achtsamkeit wird unsere Fähigkeit gestärkt, auch in den schwierigen Momenten des Lebens voll präsent, mutig und zuversichtlich zu bleiben und den wahren Reichtum des Augenblicks voll zu erfassen. Schmerzen und Probleme verschwinden deswegen nicht einfach, aber wir sind in der Lage, uns nicht mehr so sehr von ihnen vereinnahmen zu lassen. Auf diese Weise haben sie uns weniger im Griff, und wir sind wieder freier – im Geist und im Leben.

Die Grundlagen
der Achtsamkeit

Die vier Grundlagen
der Achtsamkeit

Praktizierende, der eine Weg, der zur Läuterung der Wesen führt, zum Überwinden von Kummer und Klagen, zum Verschwinden von Leid und Unzufriedenheit, zum Erlangen der wahren Methode und zum Verwirklichen von Nirwana – das ist der Weg des vierfachen Kultivierens von Achtsamkeit. Was sind die vier? Hier verweilen wir was den Körper angeht im Betrachten des Körpers – ausdauernd, wissensklar und achtsam, weltliche Verlangen und Sorgen aufgebend. Ebenso verweilen wir was Empfindungen angeht im Betrachten der Empfindungen, was den Geist angeht im Betrachten des Geistes und was Dharmas angeht im Betrachten der Dharmas – ausdauernd, wissensklar und achtsam, weltliche Verlangen und Sorgen aufgebend.

BUDDHA SHAKYAMUNI[1]

In diesen poetischen Worten ist der gesamte Weg der Achtsamkeit enthalten. Sie sind eine präzise Anleitung, wie die Achtsamkeit im alltäglichen Leben zu praktizieren ist, damit sie Früchte trägt. Um den ganzen Schatz dieser Worte zu erfassen, bedarf es einiger Erläuterungen. Lassen Sie uns also die einzelnen Bereiche eingehender betrachten, damit sich uns ihr Sinn erschließt.

Mit den einleitenden Worten »*der eine Weg, der zur Läuterung der Wesen führt, zum Überwinden von Kummer und Klagen, zum Verschwinden von Leid und Unzufriedenheit, zum Erlangen der wahren Methode und zum Verwirklichen von Nirwana*«, meint der Buddha, dass sein Weg ein Übungspfad ist, um täuschungsfrei wahrnehmen zu lernen und die Dinge so zu belassen, wie sie tatsächlich sind, ohne sie zu manipulieren oder anders haben zu wollen. Dies beinhaltet das Aufgeben unserer üblichen Reaktionen von Anhaftung und Ablehnung, Hoffnung und Furcht, die uns in unserem gewöhnlichen Leben normalerweise von einer Verstrickung in die nächste führen. Dann kann unser Leid ein Ende finden, und es entstehen Klarheit, Mitgefühl, Weisheit und das, was wir uns schon immer gewünscht haben, doch auf unseren gewohnten Wegen nie dauerhaft finden konnten: unzerstörbare und von äußeren Umständen unabhängige Zufriedenheit und Glück.

In unserem alltäglichen Leben verspüren wir manchmal einen Mangel. Vielleicht fühlen wir uns unzulänglich im Vergleich mit anderen, fühlen uns einer Situation nicht gewachsen oder Menschen in unserem Umfeld reagieren nicht so, wie wir es uns vorstellen. Manchmal haben wir aber auch gar keine konkrete Idee, wie etwas sein sollte, und trotzdem – es soll jetzt einfach anders sein! Wir lehnen ab, was da ist, und haften an einem imaginären Zustand, von dem wir meinen, er sei besser. Also beginnen wir, uns fortzubilden, besuchen vielleicht sogar Meditationskurse oder gehen joggen, in der Hoffnung, dass dann alles anders wird, wir vielleicht klüger werden, beliebter, entspannter, schöner – was auch immer. Meistens geht diese Rechnung aber nicht auf. Wir stellen fest, dass Joggen anstrengend ist, wir in der Meditation wütend werden und unser Sitzkissen unbequem ist. Auch das soll anders sein, das hatten wir so nicht gebucht. Also beginnen wir, uns mit Decken auszupolstern, Gefühle zu unterdrücken, uns Geschichten zu erzählen, um die Langeweile zu vertreiben und Bücher zu lesen, damit wir mehr über Meditation und Achtsamkeit erfahren, denn es kann ja sein, dass wir noch zu wenig wissen, um zu meditieren. Vielleicht erleben wir auch während der Meditation so etwas wie selige Ruhe, und wir sind sicher, dass wir genau richtig meditieren – also bewegen wir uns nicht und atmen schön gleichmäßig weiter, damit dieses Gefühl bloß lange erhalten bleibt. Plötzlich beginnen die Nachbarskinder im Treppenhaus laut zu toben. Unsere tolle Meditationsruhe zerplatzt wie eine Seifenblase. So hatten wir uns das nicht vorgestellt! Wütend reißen wir die Tür auf und beginnen mit der Mutter eine Grundsatzdiskussion übers Spielen im Treppenhaus. Die Mutter keift zurück und bald schon sind wir *das* Gesprächsthema an der Supermarktkasse. Dann suchen wir uns eben eine neue Wohnung! Ruhig gelegen sollte sie sein, damit wir endlich meditieren können. Mit einem Gefühl der Genugtuung ziehen wir um. Wir richten uns einen gemütlichen Meditationsplatz ein, stellen ein Kerzchen auf und lassen uns nieder, um wieder in diesen seligen Zustand abzutauchen, doch plötzlich schreckt uns Baulärm auf. Die Vermieterin hat mit Umbaumaßnahmen ihres Gartens begonnen und das Pflastern macht einen Heidenlärm, heiße Wut steigt in uns auf, Tränen der Verzweiflung treten uns in die Augen, ein Gefühl der Hilflosigkeit macht sich breit. Wir stopfen uns Oropax in die Ohren, doch die Erschütterungen des Presslufthammers dringen uns durch Mark und Bein. So hatten wir uns das nicht vorgestellt … Was auch immer wir tun, irgendwie kommen wir immer wieder an diesen Punkt, den wir eigentlich vermeiden wollten. Es ist, als würden wir immer wieder an dieselbe Kreuzung kommen und langsam feststellen, dass wir im Kreis laufen. Vielleicht fühlen wir uns aber auch großartig, haben einen tollen neuen Freund oder eine kluge, hübsche Freundin, eine interessante neue Stelle, erleben Erfolg – »... *mein Haus, mein Boot, mein Pferd ...*« Sie kennen die Werbung? – Dies alles freut uns sehr, und wir sind sehr zufrieden mit unserem Leben, doch irgendwie merken wir mit der Zeit, dass es viel Engagement von uns erfordert, diesen Zustand zu halten oder noch zu verbessern. Wir versuchen für unseren neuen Partner attraktiv zu bleiben. Wir arbeiten viel, damit wir positiv auffallen, weiterhin Erfolg haben und das Geld aufbringen können, um uns das neue Auto leisten zu können, die Raten für das Haus abzubezahlen, dem Pferd Futter zu kaufen und die Stallmiete zu bezahlen, unseren Kindern eine gute Schulbildung und Sportmöglichkeiten zu bieten und so fort. Es nagt die Angst an uns, dies alles zu verlieren, wenn wir einen Fehler machen, das Joggen ausfallen lassen, dadurch vielleicht nicht mehr so fit und attraktiv für unseren Partner sind, ein Projekt in den Sand setzen, dadurch die tolle Stelle verlieren und uns die ganzen Annehmlichkeiten nicht mehr leisten können, schließlich unser Ansehen Schaden erleidet und wir dadurch unsere tollen neuen Freunde verlieren. Und auch wenn wir nachts meist noch ganz gut schlafen, da wir die auftauchenden sorgenvollen Gedanken wegdrücken können, wächst der Druck, und wir merken, dass wir die Dinge wohl nicht ewig so konservieren können.

Da wir in der Regel alles daran setzen, Zustände von möglichst dauerhafter Ruhe, Glück und Zufriedenheit herzustellen, dabei die Vergänglichkeit der Dinge vollkommen außer acht lassen (passt nicht in unser Konzept), verstricken wir uns selbst immer mehr in Probleme und Unzufriedenheit, mit der Konsequenz von mehr oder weniger stark empfundenem Leid und Schmerz. Es gibt ein anschauliches Bild für unsere Jagd nach Glück und Zufriedenheit: Wir lecken am Honig, der an einer Rasierklinge klebt – verlockend süß, mit schmerzhaften Folgen.

Es gibt einen Weg, der aus diesem ganzen Schlamassel herausführt – der Weg der Achtsamkeit. Es ist ein Übungsweg, auf dem wir die Dinge unseres Erlebens täuschungsfrei wahrzunehmen lernen und uns von unseren unhaltbaren Konzepten und Manipulationsversuchen verabschieden. Erkennen wir unseren Irrtum und hören wir auf, Beständigkeit und Glück in von Natur aus unbeständigen Dingen und Situationen zu suchen, dann stellen sich Gelassenheit, Entspannung, Freude und Glück ganz natürlich ein, ohne dass wir ihnen hinterherjagen müssen. Sie sind dann einfach das »Nebenprodukt« unserer Erkenntnis und Realisation.

Intellektuell durch Nachdenken oder das Lesen eines Buches kann dies allerdings nicht erreicht werden. Um diese Erkenntnisse für sich selbst zu erfahren, ist die Übung der Achtsamkeit und der Meditation unabdingbar. Durch die Meditation und die Kultivierung, das Selbst-(Er-)leben der Achtsamkeit im Alltag wird das intellektuell erworbene Wissen wirklich erfahrbar und umsetzbar und gelangt von unserem Intellekt in unser Herz und Erleben. Dazu brauchen wir Kontinuität, heilsame Disziplin und Aufmerksamkeit.

Wenn wir also den Pfad der Achtsamkeit beschreiten wollen, ist unsere innere Ausrichtung wichtig. Nur wenn wir uns wirklich einlassen und voller Bewusstheit und ohne jegliche Ablenkung üben, werden wir die Früchte unserer Bemühungen ernten. Das bedeutet, dass wir beginnen müssen, unserem üblichen Verlangen zu widerstehen, Dinge, Situationen oder Menschen zu manipulieren, uns ablenken zu lassen oder ins Grübeln und Sorgen zu verfallen. Nur dann werden wir neue Erfahrungen machen können, die wir nicht dauernd selbst durch Manipulation, Grübelattacken und Sorgenschleifen sabotieren.

Der Buddha gibt im *Satipatthana Sutta* eine präzise Anleitung, wie die Achtsamkeit durch die Betrachtung der sogenannten *vier Grundlagen der Achtsamkeit* kultiviert werden kann, nämlich durch die Betrachtung des Körpers, der Empfindungen, des Geistes und der Geistesobjekte, also den Dingen mit denen sich unser Erleben beschäftigt. Dabei bauen die jeweiligen Betrachtungen aufeinander auf und vertiefen nach und nach unsere Achtsamkeit und unsere Erkenntnisse.

Was jedoch bedeutet es, sich in dieser Weise achtsam mit dem Körper, den Empfindungen, dem Geist und seinen Objekten zu befassen? Lassen Sie uns das einmal genauer betrachten, damit es für uns greifbarer wird.

Die erste Grundlage
der Achtsamkeit

Die achtsame Betrachtung des Körpers

Unser Körper ist unser Anker im Hier und Jetzt und unser Tor zum Erleben. Bei der achtsamen Betrachtung des Körpers richten wir unsere Aufmerksamkeit auf den Körper. Gemeint ist hier eine Aufmerksamkeit von Moment zu Moment. Der Fokus liegt hier insbesondere auf dem Atem, auf den Empfindungen im Körper beim Sitzen, Gehen, Stehen, Liegen und dem Gewahrsein der vier Elemente, aus denen der Körper besteht, wie Erde, Wasser, Feuer und Luft.

Während wir einatmen, können wir den Strom des Einatems in unserem Körper als Empfindung spüren, sei es durch das Ausdehnen und Zusammenziehen unseres Brustkorbs, unseres Bauches oder als Empfindung eines vorbeiziehenden Lufthauchs an unseren Nasenflügeln oder im Rachen.

Außerdem kann mit der Atemempfindung auch ein Gefühl von Enge oder Weite empfunden werden, von gepresstem oder freifließendem, flachem oder tiefem Atem. Atmen Sie einmal ganz bewusst ein. Was können Sie spüren? Wie fließt Ihr Atem gerade und welche Qualität können Sie dabei wahrnehmen? Fühlt er sich gepresst oder freifließend, flach oder tief an?

Sitzen, Gehen, Stehen und Liegen lösen unterschiedliche Empfindungen in unserem Körper aus. Es geht hier um eine grundsätzliche Achtsamkeit von innen heraus, welche die Empfindungen des Körpers in jedweder Bewegung jeden Moment präzise und wertneutral registriert. Wie fühlt es sich beispielsweise an, wenn Sie stehen? Welche körperlichen Empfindungen gehen damit einher? Wie verändert sich die Empfindung Ihres Körpers, wenn Sie sich hinsetzen oder legen? Beginnen Sie einmal, Ihren Körper ganz bewusst in diesen verschiedenen Positionen mit innerer Achtsamkeit zu erspüren.

Sich der vier Grundelemente (Erde, Feuer, Wasser, Luft) des Körpers bewusst zu werden bedeutet, mit seinem Körper in einen noch unmittelbareren Kontakt zu kommen und deutlicher die Körperempfindungen wahrzunehmen. So kann das Erd-Element als fest, substanziell, greifbar, hart oder weich, das Wasser-Element als fließend und verbindend, das Feuer-Element als heiß oder kalt und das Luft-Element als ätherisch, strömend, frei und flüchtig empfunden werden. Wie fühlt sich das Erd-Element in Ihnen an? Greifen Sie mit Ihrer Hand beispielsweise in Ihre Muskulatur, nehmen Sie so Kontakt zum Erd-Element auf, spüren Sie die Festigkeit oder die Weichheit. Dann wenden Sie sich dem Wasser-Element zu. Wie fühlt sich das Wasser-Element in Ihnen an? Nehmen Sie nun Ihre warmen Hände wahr – das ist das Feuer-Element –, die Temperaturempfindungen von heiß oder kalt. Beim Atmen können Sie unmittelbaren Kontakt zum Luft-Element herstellen.

Diese einfache Wahrnehmungsübung hilft Ihnen, Ihre Achtsamkeit zu schulen und in direkten Kontakt mit Ihrem Körper zu kommen.

In einer Welt, in der wir uns vornehmlich mittels Autos oder öffentlichen Verkehrsmitteln fortbewegen und sitzenden Tätigkeiten nachgehen, haben wir oftmals unsere natürliche Bewusstheit für unseren Körper verloren und schneiden uns so von einer großen Erfahrungswelt ab. Tänzer und andere »Körperarbeiter« sind sich der Empfindungen ihres Körpers und seiner Präsenz im Raum im Gegensatz dazu sehr bewusst. Sie verfügen über ein großes Maß an Körperachtsamkeit, das für Außenstehende oft durch einen anmutigen Gang und eine besondere Präsenz im Raum ersichtlich wird. Die meisten Menschen nehmen ihren Körper in der Regel erst wahr, wenn er altert, seine Schönheit verliert, zu dick oder zu dünn wird, erkrankt oder schmerzt. Dabei ist unser Körper ein überaus hilfreiches Werkzeug, denn durch unseren Körper sind wir in Kontakt mit der Welt. Die Verbundenheit mit unserem Körper und die Bewusstheit für ihn erleichtern es uns, unsere Präsenz in alltäglichen Situationen aufrechtzuerhalten und auch leichter wieder zu erlangen, wenn wir merken, dass wir *außer uns* geraten sind.

Die zweite Grundlage
der Achtsamkeit

Die achtsame Betrachtung
der Empfindungen

Hierbei geht es um das Wahrnehmen unserer Empfindungen von *angenehm, unangenehm* oder *neutral*. Diese Empfindungen werden auch Gefühlstönungen genannt, weil sie unser Erleben mit einer Empfindung tönen, wie eine farbige Brille. Jeder dieser Empfindungen folgt eine unmittelbare Reaktion von Verlangen oder Ablehnung. Durch diese Reaktionen können Streit und Krieg, aber auch Frieden und Zuneigung entstehen, je nachdem welche Gefühlstönung jeweils vorherrschend ist. Richten wir unsere Achtsamkeit auf die Gefühlstönungen, entwickelt sich in uns die Fähigkeit, wahrzunehmen, wie wir auf Impulse reagieren, und wir lernen, uns aktiv für heilsames Handeln zu entscheiden, statt leidbringenden Impulsen nachzugeben. Darüber hinaus können wir bei achtsamem Betrachten unserer Gefühlstönungen auch erkennen, dass sie sehr vergänglich sind und wir weder Angenehmes noch Unangenehmes festhalten oder auf Dauer bewahren können.
Kontinuierlich reagieren wir mit Empfindungen von *angenehm,*

unangenehm oder *neutral* auf alles, was uns widerfährt. Es ist ein subtiler Vorgang, der nicht immer bewusst wahrgenommen wird. Auch wenn Sie dieses Buch lesen, reagieren Sie unterschwellig permanent in diesen Klassifizierungen. Das eine Kapitel finden Sie vielleicht interessant, was in der Regel als angenehm empfunden wird, das andere ist für Sie vielleicht langweilig oder trocken. Das löst eine subtile unangenehme Empfindung aus. Manche Passagen sind für Sie im Augenblick nicht wichtig, sie sind weder langweilig noch interessant, sondern neutral, und dies löst eine neutrale Empfindung aus. Durch die Achtsamkeit können wir ein Bewusstsein für diese Klassifizierungen erlangen, die normalerweise einfach automatisch in uns ablaufen, und werden mit der Zeit erkennen, dass alle Bereiche unseres Seins, wie beispielsweise Körper- und Sinneswahrnehmungen, Emotionen, Bewusstseinszustände und Gedanken, Empfindungen in uns auslösen, die sich in diesem Prozess gegenseitig beeinflussen. In diesem Prozess reagieren wir kontinuierlich mit Ablehnung oder Anhaftung. Haben wir beispielsweise etwas erreicht, was wir uns schon lange gewünscht haben und für das wir vielleicht auch viel Zeit und Mühe aufgewendet haben, werden wir uns darüber freuen und die Situation als angenehm empfinden. Dann tauchen jedoch vielleicht plötzlich Gedanken auf, die uns erzählen, dass wir das Erreichte wieder verlieren könnten, weil sich Situationen oder Bedingungen verändern, die wir nicht oder nur begrenzt beeinflussen können. Prompt empfinden wir das Erreichte gar nicht mehr als so angenehm, ganz im Gegenteil, es fühlt sich sehr unangenehm an; wir beginnen uns Sorgen zu machen, können vielleicht nicht mehr richtig schlafen, reagieren gestresst, und wir wünschen uns vielleicht die Zeit zurück, in der wir das Erreichte noch nicht hatten und uns so auch keine Sorgen darum machen mussten, es wieder zu verlieren. Auf die Empfindung *unangenehm* reagieren wir im Allgemeinen mit Ablehnung, also Nicht-haben-Wollen, und auf die Empfindung *angenehm* mit Anhaftung, also Haben-Wollen. Während wir etwas als angenehm empfinden, wollen wir nicht, dass diese angenehme Empfindung gestört wird und vergeht, und setzen alles daran, diesen Zustand zu zementieren. Erleben wir aber das genaue Gegenteil – wir fühlen uns mies –, dann wollen wir, dass dieser Zustand so schnell wie möglich vergeht. Also beginnen wir Situationen zu manipulieren, sei es durch Überredungskünste, Einladungen zum Essen, Meetings, Verbesserungsvorschläge, Familiensitzungen oder To-do-Listen für unsere Lieben. Selbst Streit dient manchmal dazu, dass es uns wieder bessergehen soll. Paradox nicht? Aber so etwas kennen wir alle. Wir haben uns geärgert. Damit dieses unangenehme Gefühl des Ärgerns aufhört und wir uns besser fühlen, schnauzen wir unser Gegenüber an. Doch der schnauzt zurück, und da stehen wir nun mit unserem unangenehmen Gefühl – es bleibt, steigert sich vielleicht noch, die Situation eskaliert und es kommt zum Streit. Ein ganz normaler Ablauf, doch das Ziel, das unangenehme Gefühl los zu sein, wurde so nicht erreicht, ganz im Gegenteil. Wir reagieren einfach und denken, das wäre normal so. Schließlich macht das ja jeder so, ein bisschen rumbrüllen oder seine Launen an anderen auslassen. Als Begründung haben wir Argumente wie: »*Ich kann nicht anders, ich bin halt so!*« Dabei vergessen wir nur allzu häufig die Folgen unseres Verhaltens. Wir müssen aber nicht automatisch reagieren. Sind wir achtsam für unsere Empfindungen, schenkt uns das Autonomie, denn wir entwickeln die Fähigkeit wahrzunehmen, wie wir auf Impulse reagieren und welche Handlungen wir aufgrund dieser Gefühlstönungen (angenehm, unangenehm, neutral) ausführen möchten und was wir eigentlich erreichen wollen. Diese Beobachtung verschafft uns die Möglichkeit, aus dem blinden Reagieren auszusteigen, unser Leben aktiv zu gestalten und zielgerichtet angemessene Mittel zu wählen. Beispielsweise Bedürfnisse angemessen und verständlich zu kommunizieren, anstatt einfach nur rumzumeckern und anderen damit auf die Nerven zu gehen.

Die dritte Grundlage
der Achtsamkeit

Die achtsame Betrachtung des Geistes

Hier geht es um die Betrachtung unserer geistigen Zustände wie Wachheit oder Dumpfheit, Konzentration oder Fahrigkeit, aber auch von Gefühlen wie beispielsweise Ärger, Liebe und Mitgefühl, Hass oder Herzlosigkeit.

Mit *Geist* ist hier der permanente Strom unseres Erlebens gemeint. Achtsame Betrachtung des Geistes bedeutet, mit der gesamten Fülle unseres Erlebens in Kontakt zu sein, auf kognitiver, körperlicher, emotionaler und spiritueller Ebene.

Wir erleben dauernd geistige Zustände: Wachheit und Präzision oder Dumpfheit, Müdigkeit, Konzentration oder Verwirrung. Auch unsere Emotionen sind geistige Zustände, denn sie haben Auswirkung auf unser Erleben. Die Achtsamkeit gehört übrigens ebenfalls zu diesen Geisteszuständen, und mit genau dieser Achtsamkeit können Sie wahrnehmen, ob Sie jetzt in diesem Moment gerade müde oder wach sind, konzentriert diesem Text folgen oder an etwas anderes denken.

Wozu soll das gut sein? Dank der Achtsamkeit können wir erleben, welche Auswirkungen diese einzelnen geistigen Zustände haben, was uns glücklich macht, wie wir uns selbst Probleme und leidhafte Situationen schaffen und was uns hilft, diese Situationen und das Leiden daran zu beenden.

Unsere Reaktionen, insbesondere unsere emotionalen, erscheinen uns meist sehr massiv und schwer zu kontrollieren. Oft fühlen wir uns ihnen hilflos ausgeliefert und würden am liebsten vor diesen bedrängenden Emotionen davonlaufen, vielleicht den Fernseher anschalten, im Internet surfen oder den Kühlschrank plündern.

Wenn wir beginnen diese Emotionen zu beobachten, wie sie kommen und auch wieder gehen, können wir erforschen, was sie oder andere Geisteszustände nährt – was sie anheizt und was ihnen ihre Nahrung entzieht – also was sie schrumpfen lässt. Alleine durch das schlichte Beobachten dieser Phänomene und das Erkennen ihrer Anwesenheit und Abwesenheit können wir erkennen, wie flüchtig und vergänglich sie sind. So erleben wir die Geisteszustände nicht mehr als so bedrängend, und das macht es für uns leichter, sie durchzustehen.

Nehmen wir als Beispiel die Wut. Taucht Wut auf, lassen wir uns in der Regel von ihr in unserem Erleben vollkommen vereinnahmen. Sie erscheint uns so massiv wie eine Dampfwalze. Und genauso reagieren wir – wie eine Dampfwalze, die aus dieser Wut heraus alles niederwalzt, was ihr in den Weg kommt. Durch die Achtsamkeit und das genaue Beobachten unseres Erlebens können wir erkennen, dass dieses Gefühl Wut durch unsere eigenen destruktiven Gedankenketten aufrechterhalten und angefeuert wird, zum Beispiel durch Bewertungen oder durch unser Festhalten an bestimmten Vorstellungen. Was passiert nun, wenn wir uns bewusst einem anderen Objekt zuwenden, wenn wir die wilden Gedankenketten und Selbstgespräche unterbrechen oder der Wut konkret das Objekt, das uns wütend gemacht hat, entziehen? Sie schwächt sich ab oder zerplatzt wie eine Seifenblase. Diese Emotion verliert für uns ihre vermeintliche Festigkeit und wird zu etwas Fließendem, Vergänglichem. Wir erkennen, dass die Emotion Wut ein »Durchgangsphänomen« ist, das in Abhängigkeit von Bedingungen entsteht und auch wieder vergeht. So kommen wir von der Betrachtung *ich bin wütend«* zu *»Wut zieht durch mich hindurch«.* Eigentlich brauchen wir nur abzuwarten, müssen die Wut nicht, wie wir bisher gedacht haben, ausagieren, damit sie weggeht, sondern wir können ihr die Nahrung entziehen und dann warten, bis sie sich von selbst auflöst. Eltern praktizieren das häufig mit ihrem Nachwuchs, lenken ihre wütenden, schreienden Kinder mit Rasseln oder Spielzeug ab und unterbrechen so den emotionalen Aufschaukelungsprozess. Und das wirkt auch bei Erwachsenen. In der Verhaltenstherapie nennt man dies *Wahrnehmungslenkung.* In der Achtsamkeitspraxis nutzen wir statt Rasseln beispielsweise den Atem, um wieder zum Wesentlichen zurückzukehren. Dazu mehr in den folgenden Kapiteln.

Starke Emotionen trüben unseren Geist. Der Volksmund sagt nicht umsonst *»blind vor Wut«.* Handlungen, die wir aus starken Emotionen heraus ausführen, ziehen nicht selten unangenehme Folgen nach sich, mit ebenfalls unangenehmen emotionalen Zuständen. Vielleicht bereuen wir im Nachhinein, was wir getan oder gesagt haben. Hätten wir doch abgewartet! Wir alle kennen die Empfehlung, erst einmal eine Nacht darüber zu schlafen. Über Nacht schwächt sich das Gefühl ab, und am Morgen sehen wir die Dinge klarer. Warum ist das so? Von einer biologischen Ebene aus betrachtet liegt der Wut zum Beispiel ein hormoneller Prozess zugrunde. Das Stresshormon Adrenalin sorgte in Urzeiten für die Entwicklung von Wutgefühlen, damit wir bestens auf einen Angriff reagieren und unseren Gegner zur

Strecke bringen konnten. Zusätzlich ist Adrenalin ein Denk-hemmer, denn wir sollten nicht groß überlegen, ob wir gegen irgendwelche Werte verstießen oder besser den Speer oder den Stein zur Verteidigung nutzen sollten. Entscheidungen, die unter dem Einfluss von Adrenalin getroffen werden, haben also nur Notfallcharakter und sind in den seltensten Fällen auch noch im Normalzustand empfehlenswert. Über Nacht baut sich das Hormon natürlicherweise wieder ab, und am Morgen sieht die Welt dann meist schon ganz anders aus.

Die Betrachtungsweise der Phänomene als vergänglich können wir auf alles, was sich in unserem Erleben zeigt, anwenden. Aus dieser Erkenntnis heraus brauchen wir uns nicht mehr so sehr von den Erscheinungen beeinträchtigen oder umtreiben zu lassen – mit entsprechend entspannenden Auswirkungen auf uns und unser Umfeld.

Die vierte Grundlage
der Achtsamkeit

Die achtsame Betrachtung der Geistesobjekte (Dharmas)

Wie entsteht unsere Wahrnehmung? Was hält uns im leidhaften Erleben gefangen, was befreit uns daraus? Die achtsame Betrachtung unserer Geistesobjekte gibt uns einen 3-D-Panorama-Blick über den gesamten Vorgang unseres Erlebens. Dabei können wir beobachten, dass es Geistesaktivitäten gibt, die sich auf unsere Wahrnehmung eher hemmend auswirken (Hemmnisse), und andere, die unsere klare Wahrnehmung fördern (Erleuchtungsfaktoren). Wir untersuchen auch eingehend die Grundlagen unserer sinnlichen Wahrnehmung (Sinnesgrundlagen) und welche Rolle beispielsweise Körper und Form, Bewusstsein oder Unterscheidungsvermögen (Daseinsgruppen) in unserem Erleben spielen. Schließlich können wir erkennen, wie alles zusammenhängt und wie wir unsere Wirklichkeit und das Erleben von Glück oder Leid durch unsere geistige Aktivität selbst erschaffen (vier edle Wahrheiten). Lassen Sie uns die einzelnen Objekte noch etwas näher betrachten:

Hemmnisse

Hierunter fallen unsere Neigungen zur Anhaftung, Ablehnung, Trägheit, Schläfrigkeit bzw. Dumpfheit, Unruhe, Sorge und Zweifel. Sie werden Hemmnisse genannt, weil sie unsere Entwicklung in der Meditation und im alltäglichen Leben hemmen oder sie gar verhindern.

Sie sind nicht immer leicht zu erkennen und zeigen sich uns oft nur versteckt. Achtsamkeit und Präzision sind hier gefragt, um sie aufzuspüren und um zu einem weisen Umgang mit ihnen finden zu können. So überkommt uns manchmal eine unglaubliche Schläfrigkeit, wenn wir uns vorgenommen haben, uns mit einer unangenehmen Sache wie beispielsweise der Steuererklärung zu beschäftigen oder mit einem Problem, das wir schon lang mit uns herumtragen. Kaum sitzen wir vor den Papieren, fallen uns die Augen vor Schläfrigkeit zu. Bemerkenswert ist, dass wir vorher wach und konzentriert waren. Sobald wir von unserem Vorhaben ablassen und stattdessen vielleicht den Fernseher anschalten, sind wir plötzlich wieder wach und konzentriert. Die Schläfrigkeit hindert uns an unserem eigentlichen Vorhaben. Sie ist nichts anderes als eine Vermeidungsstrategie. Dann tauchen vielleicht Sorgen und Zweifel darüber auf, ob ich jemals in der Lage sein werde, die Steuererklärung zu machen oder mich dem Problem zu stellen. Durch diese Zweifel und Sorgen gerate ich in eine innere Starre, die mich in Trägheit versinken lässt und verhindert, dass ich mich mit der Steuererklärung oder dem Problem auseinandersetze und so neue Erfahrungen mache. Stattdessen bleibe ich weiter in meinem Muster der Verdrängung, des Vermeidens und auch der Angst gefangen. Bei diesem Beispiel ist eine Reihe von Hemmnissen präsent. Erst wenn wir uns dieser uns hemmenden Faktoren bewusst werden, können wir einen förderlichen und adäquaten Umgang mit ihnen entwickeln und entsprechende Maßnahmen ergreifen.

Daseinsgruppen

Hierunter fallen Körper, Gefühlstönungen, Unterscheidungsvermögen, Bildekräfte und unser Bewusstsein. Mit Bildekräften ist die geistige Aktivität gemeint, die den Eindruck einer konstanten, unabhängig existierenden unveränderlichen äußeren Welt und eines davon abgegrenzten, eigenständig existierenden Ich oder Selbst entstehen lässt und aufrechterhält.

Beginnen wir das Zusammenspiel der einzelnen Faktoren achtsam zu betrachten und die einzelnen Aspekte zu analysieren, erkennen wir, dass nichts unabhängig voneinander existiert, alles einem sich ständig wandelnden und sich gegenseitig bedingendem Prozess unterliegt und wir uns unsere Wirklichkeit selbst erschaffen. Das führt uns zu der Erkenntnis, dass auch wir nicht unabhängig existieren und unser Leben ein sich ständig wandelnder, vergehender und sich neu erschaffender Prozess ist und es kein unabhängig existierendes Ich oder Selbst gibt.

Sinnesgrundlagen

Sie sind die Grundlagen der Wahrnehmung im Prozess des Sehens, Hörens, Riechens und Schmeckens, aber auch des Empfindens und Denkens und bilden sich durch das Zusammenspiel von Auge und Form/Farbe, Ohr und Geräusch, Nase und Geruch, Zunge und Geschmack, Tastsinn und Empfinden sowie Gehirn und Denken. Sie sind die Grundlagen unserer Erfahrung in dieser Welt: Sehen, Hören, Riechen, Schmecken, Tasten/Empfinden, Denken, einschließlich Bewusstsein. Die Achtsamkeit betrachtet das Zusammenspiel dieser Grundlagen der Wahrnehmung wertneutral und ermöglicht uns ein Bewusstwerden dieser Vorgänge der Wahrnehmung und ihrer Bedingungen. Sehen findet nicht ohne intakte Augen und ein Objekt, das zu betrachten ist, statt; Tasten nicht ohne einen Reiz und unsere Tast- oder Temperaturnerven; Riechen nicht ohne unseren intakten Geruchssinn und ein Objekt, das Geruch absondert, und so weiter und so fort. Das mag uns im ersten Augenblick vielleicht etwas banal erscheinen, denn wir sind es gewohnt, einfach zu sehen, zu hören, zu riechen, zu schmecken und mit den Dingen in einer für uns vollkommen selbstverständlichen Art und Weise verbunden zu sein, ohne dass wir uns groß darüber Gedanken machen oder uns damit beschäftigen. Durch diese Selbstverständlichkeit verlieren wir aber den Kontakt zu diesen Vorgängen. Sie werden so selbstverständlich für uns, dass wir unser Bewusstsein, unsere Achtsamkeit dafür einbüßen und uns damit von einem großen Erfahrungsschatz unseres Erlebens abschneiden. Wir stumpfen ab. Da alle Bereiche unseres Erlebens miteinander verbunden sind, wirken sie aufeinander ein. So selbstverständlich sie uns erscheinen oder so subtil sie sich auf unser Erleben auswirken mögen, sie bedingen sich gegenseitig.

Erleuchtungsfaktoren

Zu den Erleuchtungsfaktoren zählen Faktoren, die im Gegensatz zu den Hemmnissen unsere Erkenntnisprozesse unterstützen und fördern. Dazu gehören die Achtsamkeit, forschendes Herangehen, freudvolles Bemühen, Interesse, ein freudvoller Geist, Begeisterung, Ruhe, Sammlung und Gelassenheit. Die Achtsamkeit betrachtet das Vorhandensein oder das Nicht-Vorhandensein dieser Qualitäten und das Gleichgewicht dieser Faktoren zueinander. Das Gleichgewicht der Erleuchtungsfaktoren ist für einen klaren Geist wichtig. Ohne dieses sind Erkenntnis und Meditation nicht möglich. Ob diese Geistesfaktoren sich zueinander im Gleichgewicht befinden, lässt sich leicht daran erkennen, wie wir uns fühlen. Fühlt sich unser Geist leicht, licht, klar, wach und offen an, so sind die Faktoren im Gleichgewicht, und es wird uns möglich sein, zu Erkenntnissen in der Meditation und im Leben zu gelangen. Fühlen wir uns allerdings eher ausgelaugt, energielos, unruhig und neigen wir zu Unachtsamkeit, sind die Hemmnisse in uns präsent und uns fällt es schwer, die Dinge zu sehen, wie sie wirklich sind; wir verstehen manches nicht oder geraten vielleicht sogar in schwierige Situationen. Unsere Wahrnehmung ist getrübt. Bei der Meditation schlafen wir möglicherweise ein und merken es nicht einmal oder sind ganz kribbelig vor lauter Unruhe, rutschen auf dem Kissen herum und können uns nicht konzentrieren. Im Beruf oder in der Freizeit nehmen wir vieles zu persönlich, können kein Verständnis aufbringen und reagieren gestresst. Fühlt sich unser Geist jedoch leicht, licht, klar, wach und offen an, so sind die Faktoren im Gleichgewicht, und wir empfinden es als leicht und mühelos, zu meditieren, sind konzentriert und können problemlos zu Erkenntnissen in der Meditation und im Leben gelangen. Es wird uns beispielsweise leichtfallen, Verständnis für unsere Mitmenschen aufzubringen, Arbeiten mit Präzision und Freude durchzuführen und Zusammenhänge wirklich zu verstehen.

Wir brauchen die Achtsamkeit als Schlüsselfaktor oder Kontrollinstanz, um die Anwesenheit oder Abwesenheit der Erleuchtungsfaktoren oder Hemmnisse zu bemerken und um sie wieder ins Gleichgewicht zu bringen, so dass sie ihre förderliche, heilsame Kraft entfalten können. Immer dann, wenn einer der Erleuchtungsfaktoren nur schwach oder gar nicht präsent ist, ist es den Hemmnissen möglich, sich in den Vordergrund zu drängen. Auch das haben wir alle schon erlebt. Vielleicht können Sie sich an eine Situation erinnern, in der Sie mit Herz und Seele dabei waren. Vielleicht arbeiteten Sie an einem tollen, neuen Projekt oder lernten einen faszinierenden Menschen kennen. Sie waren begeistert und hingerissen. Zu der Begeisterung mischte sich ein starkes Verlangen, das Projekt besonders gut zu machen oder das Herz der angebeteten Person zu gewinnen. Schon war es aus mit Ihrer Gelassenheit. Sie wurden unruhig, erst ganz subtil, kaum merklich, dann immer mehr. Vielleicht haben Sie aus Unsicherheit einen Fehler gemacht, und Ihr Chef war wenig begeistert über das Ergebnis des Projektes oder die Person Ihres Herzens meldete sich plötzlich nicht mehr. Frust und Enttäuschung machten sich in Ihnen breit, und vielleicht zogen Sie sich verletzt zurück – alles andere als offen für die Erfahrung des Augenblicks. Achtsam zu leben bedeutet zu erkennen, was gerade in Ihnen, in Ihrem Erleben präsent ist. Sie können bemerken, dass Verlangen da ist, also Anhaftung. Dies ist Ihr Alarmsignal, dass eines der Hemmnisse präsent ist. Alleine dieses Bemerken ist schon gelebte Achtsamkeit, und damit ist ein Erleuchtungsfaktor wieder im Spiel. Und das verändert schon die ganze Situation, da wir nun nicht mehr blind reagieren und so der Situation hilflos ausgeliefert sind, sondern wir erkennen, was geschieht. Das gibt uns Entscheidungsfähigkeit und Autonomie. Wir sehen, dass jede unserer Handlungen Konsequenzen nach sich zieht. Bemerken wir, dass wir unruhig sind (Hemmnis), ist in dem Moment, in dem wir dies merken, schon die Achtsamkeit (Erleuchtungsfaktor) präsent. So können wir das Gleichgewicht wiederherstellen und Ruhe und innere Sammlung kultivieren.

Achtsamkeit ist einer der Schlüsselfaktoren der Erleuchtung – die Entwicklung von Klarheit unseres gesamten Erlebens. Achtsamkeit verhilft uns zu einem Gleichgewicht in Wachheit, Ruhe und klarem Bewusstsein.

Wir wissen aus unserem alltäglichen Erleben, wie oft wir uns selbst in Schwierigkeiten bringen und Probleme entstehen lassen, an denen wir leiden. Diesen Prozess des Leidens, aber auch des Auflösens von Leiden hat der Buddha in vier Wahrheiten zusammengefasst. *Wahrheit* bedeutet hier »nachprüfbar« – eine logische und für alle nachvollziehbare Analyse, wie wir uns selbst immer wieder in Schwierigkeiten bringen und was uns helfen kann, diesen Kreislauf zu durchbrechen.

Die vier edlen Wahrheiten

Als Buddha Shakyamuni noch kein Erwachter, kein Buddha, war, hieß er Siddhartha und war ein Prinz. Als Heranwachsender, intelligent und gut gebildet, behütet aufgewachsen, kam er in Kontakt mit Krankheit, Alter und Tod und dem damit verbundenen Leiden und sah, dass Menschen sich dauernd in Probleme und Leid verstricken. Er verließ seinen Palast, ließ alles hinter sich, um die Ursache des Leidens zu ergründen und einen Weg zu finden, dieses Leiden aufzulösen. Nach Jahren des Ausprobierens verschiedener, teilweise komplizierter oder auch schmerzhafter Methoden setzte er sich schließlich zur Meditation unter einen Baum, fest entschlossen, erst wieder aufzustehen, wenn er den gesamten Prozess durchschaut und eine Lösung gefunden hatte. Ihm war klargeworden, dass das Leiden keine äußeren Ursachen hat, sondern im eigenen Erleben begründet liegt. Er betrachtete seinen Geist, schaute sich den Prozess der Entstehung von Leiden und Problemen genau an und erkannte, dass alles in unserem Erleben von einem grundsätzlichen Leiden geprägt ist. Das war seine Ausgangsbasis, und diese Erkenntnis nannte er die erste Wahrheit – die Wahrheit des Leidens.

Die Vorstellung eines grundsätzlichen Leidens mag bei dem einen oder anderen Widerstand auslösen, denn es gibt ja auch wirklich viele schöne Erlebnisse in unserem Leben. Wir fühlen uns nicht immer schlecht, leiden oder ärgern uns, sondern häufig geht es uns richtig gut. Das stimmt. Schauen wir aber etwas genauer hin, können wir erkennen, dass tatsächlich auch in diesen wirklich schönen Momenten ganz subtil, unterschwellig und kaum merkbar Leid vorhanden ist, und zwar das Leid der Vergänglichkeit der Situation und die subtile Sorge, dass die Dinge sich wandeln werden und es uns nicht möglich sein wird, dauernd in diesem angenehmen Zustand zu verbleiben. Unser Versuch, den angenehmen Zustand zu zementieren, verstrickt uns in Manipulation, Hoffnung und Furcht, und dies wird von uns mehr oder weniger schmerzhaft empfunden.

Bei genauem Betrachten können wir erkennen, dass all unser Leiden (Sorgen, Probleme, Ängste, Krankheit, Alter, Tod etc.) Ursachen hat, beispielsweise dass wir einer Täuschung aufsitzen, Vergänglichkeit nicht wahrhaben wollen, etwas festhalten oder nicht haben wollen. Das hat der Buddha die zweite Wahrheit genannt – die Wahrheit von der Ursache des Leidens. Und wenn etwas eine Ursache hat, kann man die Ursache auch beseitigen. Das nannte er die dritte Wahrheit – die Wahrheit von der Möglichkeit, das Leiden zu beenden. Da er im Selbstversuch die Erfahrung gemacht hatte, dass es tatsächlich möglich ist, dieses Leiden aufzulösen, ist dies die vierte Wahrheit – die Wahrheit, dass es einen Weg gibt, das Leiden zu beenden. Prinz Siddhartha wurde durch diesen Weg, dieses eingehende Betrachten und Verstehen und das Kultivieren von Achtsamkeit zu Buddha Shakyamuni, einem Menschen, der nicht mehr mit

Hoffnung und Furcht, Anhaftung oder Ablehnung auf die Dinge reagierte. Alle Täuschungen waren endgültig und ohne Rest beseitigt. Sein Leiden war aufgelöst. Der Buddha war ein Mensch wie Sie und ich mit dem einzigen Unterschied, dass er den Dingen wirklich auf den Grund ging und so aus dem Alptraum der Unwissenheit, Täuschung, des Leidens und der Verstrickung aufwachte und seine Erfahrungen und Empfehlungen als praktischen Übungsweg weitergab. Die Fähigkeit aufzuwachen haben wir alle.

Die vier edlen Wahrheiten in unserem Alltag wirksam werden zu lassen bedeutet, in ganz alltäglichen Situationen achtsam zu sein und unser Leiden, auch das ganz subtile, zu erkennen. Dann müssen wir die Ursachen dieses Leidens erforschen und sehen, was zu tun oder zu lassen ist – damit sich unser Leiden und auch das der anderen auflöst. So wird unser Alltag mit der Zeit immer heller werden, mit den angenehmen Begleiterscheinungen von tiefer Zufriedenheit, Gelassenheit, Freude, Liebe und stillem Glück.

Mittlerweile ist dieser Weg des Buddha seit mehr als zweitausendfünfhundert Jahren bestens erprobt und hat entsprechend vielen Menschen geholfen, ihr individuelles Leiden aufzulösen. Das sollte uns Mut machen, dass dieser Weg auch für uns tatsächlich umsetzbar und lebbar ist.

Die acht Punkte
der Achtsamkeit

Im Folgenden möchte ich anhand von acht Orientierungspunkten zeigen, wie wir unser alltägliches Leben an der Achtsamkeit ausrichten können.
Kleiner Tipp: Schreiben Sie die jeweiligen Punkte mit den für Sie wichtigsten Schlüsselsätzen auf ein Blatt Papier und heften Sie es gut erkennbar an Ihre Kühlschranktür, über Ihren Arbeitsplatz oder wo auch immer Sie es gut sehen können. Dies erleichtert Ihnen, Ihre achtsame Haltung im Alltag aufrechtzuerhalten.

1. Wertneutralität

Ein prägendes Merkmal der Achtsamkeit ist die Wertneutralität. Aber warum ist es förderlich, die Dinge, Situationen, Menschen und uns selbst so wertneutral wie möglich zu betrachten? Unser Hirn bewertet doch in der Regel automatisch? Blitzschnell werden Menschen oder Situationen in angenehm oder unangenehm, Gefahr oder Entwarnung kategorisiert. Dies ist ein Mechanismus, den die Natur uns mitgegeben hat, um unser Überleben zu sichern. In der Regel läuft dieser Prozess so schnell ab, dass er uns kaum bewusst wird. Ob wir Achtsamkeit praktizieren oder nicht, wir müssen laufend Entscheidungen in unserem Leben treffen. Objektivität, also Wertneutralität, kann uns hier sehr helfen. Objektivität können wir als größtmögliche Offenheit der Wirklichkeit gegenüber bezeichnen. Doch was ist Wirklichkeit überhaupt? Eine interessante Frage. Jeder von uns hat seine eigene Wirklichkeit, also seine eigene Wahrnehmung. Diese Wahrnehmung wird unter anderem geprägt durch Erziehung, Erfahrungen, Meinungen, Ängste, Hoffnungen, Wünsche und den Empfindungen von Zuneigung und Abneigung. Wir sehen die Wirklichkeit, das, was objektiv da ist, stets durch den Filter dieser Konditionierungen. Dieser Filter verhindert, dass wir mit der Wirklichkeit in unmittelbaren Kontakt treten.

Bewerten kann man auch als Schubladendenken bezeichnen. Das Problem beim Schubladendenken ist, dass das Objekt, welches einmal in der Schublade liegt, selten wieder den Weg nach draußen antreten kann. Einmal Schublade, immer Schublade. Dieses Denken entspringt in der Regel unserer Gewohnheit, teilweise recht unreflektiert und schablonenhaft zu denken und zu handeln, und unserem Wunsch nach Sicherheit. Klassifikation/Bewertung ist für uns eine Form von Sicherheit. Bewerten wir, wissen wir, woran wir sind, und haben eine vermeintliche Klarheit bezüglich der Person oder Gegebenheit. Das schützt uns. Jedoch nur vermeintlich. Was für uns auf der einen Seite Sicherheit bedeutet, schneidet uns auf der anderen Seite von der Wirklichkeit und dem Potenzial, das in allem vorhanden ist, ab. Ich möchte Ihnen dazu eine kleine Geschichte erzählen, die mir vor einigen Jahren passiert ist. Damals habe ich sehr intensiv Kampfsport betrieben. Während eines Trainings kam ein neuer Teilnehmer in den Raum, breitschultrig mit groben

Gesichtszügen. Mein erster Gedanke war: *Der frisst auch kleine Kinder,* und ich gab ihm daraufhin nicht die kleinste Chance, mit mir in Kontakt zu treten. Ein halbes Jahr später musste ich ihn aber in meinem Auto mitnehmen, damit er mich durch das Einbahnstraßenlabyrinth von Köln navigierte, und siehe da, ich hatte mich gründlich in ihm getäuscht. Trotz seines groben Äußeren hatte er eine ganz sanfte Stimme. Damit noch nicht genug. Zu meinem Entzücken und größten Erstaunen sang er im Auto für mich eine brasilianische Ballade, denn er war Musiker und Poet. Ab diesem Zeitpunkt ging ich zu seinen Konzerten und lauschte hingerissen seiner Stimme und seinem Gitarrenspiel. Dieses Erlebnis hat mich Offenheit gelehrt. Trotzdem wechsle ich nachts die Straßenseite, wenn mir jemand entgegenkommt, der mir nicht ganz geheuer ist. Achtsamkeit zu praktizieren bedeutet nämlich auch, der Situation angemessen zu agieren und den gesunden Menschenverstand zu gebrauchen.

Achtsamkeit bedeutet gewahr sein, mit dem sein, was ist, und das in voller Bewusstheit. Natürlich werden Bewertungen, Wünsche, Hoffnungen oder Befürchtungen in unserem Geist auftauchen, das ist ganz normal. Es geht darum, die Bewertungen als geistige Bewegungen wahrzunehmen. Dann haben wir die Möglichkeit, statt blind zu reagieren, bewusst zu agieren. Und das ist ein entscheidender Unterschied. Erst wenn wir wahrnehmen, dass wir einen Menschen oder eine Situation in eine Schublade stecken, können wir die Schublade wieder öffnen und der alten Gewohnheit widerstehen, uns von unseren Bewertungen leiten zu lassen. Mit diesem Gewahrsein und der Entscheidung zur Offenheit haben wir die Chance, der Wirklichkeit näherzukommen. Entscheidungen fällen wir dann auf Basis dieser Offenheit, statt aus Angst, schlechter Erfahrung, Druck oder gesellschaftlichen Konventionen. Wir werden autonom und unabhängig,

nicht nur von anderen, sondern auch von unseren diffusen Gedanken, Bewertungen und Gefühlen.

Zum Thema Bewertungen noch eine kleine Geschichte, die ich
sehr passend finde:

*Es war einmal ein Mann, der hatte ein schönes Pferd.
Eines Tages lief dieses Pferd weg. Die Menschen des Dor-
fes nahmen Anteil an diesem Unglück, doch der Alte
schüttelte nur den Kopf und sagte: »Ist es Glück, ist es
Pech, wer weiß es schon!«*

*Eines Tages kam das Pferd zurück und brachte eine ganze
Herde schöner Wildpferde mit. Die Dorfbewohner beglück-
wünschten den alten Mann zu dieser Wendung des Schick-
sals. Der Mann erwiderte: »Ist es Glück, ist es Pech, wer
weiß es schon!«*

*Sein Sohn bestieg ein schönes, wildes Pferd, um es zu
zähmen. Er wurde abgeworfen und brach sich ein Bein.
Die Dorfbewohner liefen zum alten Mann und beklagten
sein Unglück. Der alte Mann erwiderte: »Ist es Glück, ist
es Pech, wer weiß es schon!«*

*Eines Tages kamen Soldaten in das Dorf und zogen alle
gesunden und wehrfähigen Männer ein, nur der Sohn des
alten Mannes blieb wegen des gebrochenen Beines zu
Hause ...*

... Ist es Glück, ist es Pech ... wer weiß das schon.

Nicht bewerten bedeutet also, so unvoreingenommen wie möglich zu bleiben, frei von eigenen Interpretationen. Es ist die Haltung eines wertneutralen Beobachters, der lediglich die Dinge,
die geschehen, betrachtet, ohne auf sie mit irgendeiner Form von
Aktivität zu reagieren. So bleiben die Dinge frei und beweglich
und können sich in ihrem je eigenen Potenzial entfalten.

2. Geduld

»Liebe mich!«, möchte ich Dir sagen und weiß doch,
dass keine Knospe sich öffnet, stehe ich vor ihr und
befehle »Blühe!«.

KRISTIANE ALLERT-WYBRANIETZ

Geduld gehört für gewöhnlich nicht unbedingt zu unseren Stärken. Manche meinen, geduldig zu sein, verbinden damit jedoch meist eher ein Durchhalten als wirkliche Geduld. Was ist die Qualität wahrer Geduld? Denken Sie an eine Situation, in der Sie nichts aus der Ruhe bringen konnte, was auch immer passierte. Wie haben Sie sich gefühlt? Angespannt oder entspannt? Wahre Geduld macht sich durch ein Gefühl der Entspannung bemerkbar und ist ein vollkommen unmanipulativer Zustand. Geduld bedeutet, den Dingen die Zeit zu geben, die sie wirklich benötigen. Es ist eine Art tiefes, inneres Wissen um die eigene Zeit der Dinge. Zu wissen, dass das Gras einfach nicht schneller wächst, auch wenn wir daran ziehen.

Sie haben bestimmt selbst schon einmal erlebt, dass sich manche Dinge einfach unserem Willen entziehen, trotz größter Anstrengung. Trotzdem versuchen wir, sie irgendwie unter unsere Kontrolle zu bringen. Doch es klappt nicht, und wir raufen uns die Haare, fluchen oder ziehen uns erschöpft zurück. Es fühlt sich an, als würden wir dauernd vor eine Wand laufen. Ob es sich nun um ein berufliches Projekt handelt oder eine Angelegenheit im privaten Bereich, ist dabei vollkommen gleich. Solche Kontrollversuche rauben uns sehr viel Energie. Geduld ist ein Energiesparmodus – einfach dadurch, dass wir die Zeit und auch den Raum, den Menschen, Dinge, Projekte und auch wir selbst brauchen, anerkennen, wahren und respektieren, so dass sich die Dinge in ihrer je eigenen Zeit entwickeln können. Auf diese Weise entsteht ein Fließen mit den Dingen des Lebens und wir können aus unserem ständigen Kampf mit den Widrigkeiten des Lebens aussteigen. Wäre das nicht entspannend? Es liegt an uns, wie wir mit Situationen umgehen. Nehmen wir beispielsweise etwas ganz Alltägliches: Sie stecken im Stau fest. Sie haben jetzt zwei Möglichkeiten: 1. sich aufregen – davon geht der Stau auch nicht weg – oder 2. sich entspannen. So oder so werden Sie später als erwartet am Zielort eintreffen. Sie können zwar nicht die Dauer des Staus beeinflussen, sehr wohl aber Ihre eigene Gemüts- und Energieverfassung. Angewandte Achtsamkeit würde hier bedeuten der Wahrheit ins Gesicht sehen: Sie haben keinen Helikopter, und es dauert so lange, wie es eben dauert. Entscheiden Sie sich, wie Sie die Zeit nutzen wollen: in Aufregung und Anspannung oder in Geduld und Entspannung. Was erscheint Ihnen sinnvoller? Entscheiden Sie sich, die Zeit mit dem Energiesparmodus Geduld und Entspannung zu nutzen, dann lehnen Sie sich zurück, betrachten Ihre Umgebung, beginnen ganz bewusst Ihrem Atem zu folgen, hören Musik oder lauschen einem schönen Hörbuch und kommen zwar spät, aber dafür entspannt und einsatzbereit am Zielort an, anstatt wie sonst üblich aggressiv, fertig und genervt.

3. Anfängergeist

Der Anfängergeist ist der offene Geist, die Haltung, die
sowohl Zweifel wie Zuversicht einschließt, sowie die
Fähigkeit, die Dinge immer frisch und neu zu sehen.
SHUNRYU SUZUKI

Wir können diesen Punkt auch mit der Aufforderung bezeichnen: Schau mit den Augen eines Kindes. Beginnen wir wieder die Welt mit den Augen eines Kindes zu betrachten, forschend und neugierig, sind wir offen für neue Erfahrungen und erkennen den ganzen Reichtum des Augenblicks. Wie oft schneiden wir uns von der Wirklichkeit, von dem unmittelbaren Geschehen ab, indem wir Dinge nur noch automatisch tun. Vielleicht sind wir Profis auf unserem Gebiet, machen die gleichen Arbeitsabläufe schon seit Jahrzehnten, gehen immer den gleichen Weg zum Supermarkt, zum Bäcker, zum Kindergarten oder zu unserer Arbeitsstelle – schalten auf Autopilot. Wenn unterwegs nicht gerade große bauliche Veränderungen passieren, nehmen wir den Weg gar nicht mehr richtig wahr. Erst wenn eine Lücke in der Häuserreihe klafft, fragen wir uns, was hier wohl gestanden hat. Vielleicht haben Sie auch schon einmal die Erfahrung gemacht, dass Sie mit dem Auto irgendwohin gefahren sind und sich bei der Ankunft gefragt haben, wie sie es bis dahin geschafft haben. Sie haben vom ganzen Weg nichts mitbekommen und hoffen, dass Sie nicht versehentlich über eine rote Ampel gefahren sind. Achtsamkeit fordert uns auf, genauer hinzuschauen, gerade bei den Dingen, die wir immer und immer wieder gleich machen oder schon seit Jahren kennen. Es ist der Blick eines Neugierigen, eines Forschers – oder eines Kindes.

Kinder schauen sich Dinge von allen Seiten ganz genau an. Sie sind wiss- und lernbegierig. Mit dem Alter stumpfen wir etwas ab und damit auch die Farbigkeit unserer Umgebung. Vielleicht kennen Sie dieses Gefühl, dass die Dinge um Sie herum grau werden, so als würden Sie alles durch eine Milchglasscheibe wahrnehmen, und Sie erleben ein Gefühl des Abgeschnittenseins, der Distanz zu Ihrer Umwelt.

Die Anfängergeist-Betrachtungsweise bringt wieder Farbe, Freude und kleine Wunder in unseren Alltag und schützt uns ganz praktisch davor, versehentlich über rote Ampeln zu fahren oder durch Unaufmerksamkeit Fehler in alteingefahrenen Arbeitsprozessen zu machen. Sie hilft uns, mit der Unmittelbarkeit der Wirklichkeit in Kontakt zu treten, lässt die Milchglasscheibe weichen und uns mit allen Sinnen wach und aufmerksam dabei sein. Ein forschender Geist schützt uns vor Voreingenommenheit und Bewertungen. So bewahren wir unsere Offenheit auch in schwierigen Momenten. Wir beginnen zu erkennen und zu erforschen, wie die Dinge miteinander zusammenhängen und sich entwickeln und entdecken deren Reichtum. Jede Situation ist neu. Sie wird jeden Moment neu geboren, denn nichts auf dieser Welt wiederholt sich. Uns begegnen Menschen, und wir meinen sie zu kennen. Vielleicht leben wir auch schon seit Jahren oder Jahrzehnten mit uns inzwischen sehr vertraut gewordenen Menschen zusammen. Schauen Sie sich diese Menschen einmal genauer an. Fragen Sie sich: Lebe ich wirklich mit diesen Menschen zusammen oder lebe ich nur noch mit der Vorstellung, die ich von diesen Menschen habe, zusammen? Kenne ich sie wirklich? Was beschäftigt sie, was macht diese Menschen wirklich aus? Was ist meine Interpretation oder gar Erwartung und was ist die Wirklichkeit? Dies sind Fragen für unsere Neugier, für unseren Forschergeist. Neugier und Forschergeist wecken uns aus unserem Halbschlaf auf, in dem wir normalerweise durch unser Leben wandeln, und bringen uns wieder in unmittelbaren Kontakt mit dem, was wirklich da ist, unser Augenblick, unser Leben – JETZT.

4. Vertrauen

Was bedeutet für Sie Vertrauen? Welche Empfindungen löst dieses Wort in Ihnen aus? Fällt es Ihnen leicht, sich selbst oder anderen zu vertrauen?

Vertrauen zu entwickeln bedeutet in der Praxis der Achtsamkeit, den Regungen des Geistes, des Körpers und der Emotionen wieder Gehör zu schenken und sie als das anzuerkennen, was sie sind: Signale, durch die unser Organismus mit uns kommuniziert. Diese Signale sind wie fein abgestimmte Messinstrumente und geben uns Aufschluss über unser Befinden und unsere wirklichen Bedürfnisse. Wenn wir diese Signale in angemessener Weise wahrnehmen, können wir entsprechend handeln. Angemessen bedeutet: mit einer leichten, sich immer wieder lösenden Aufmerksamkeit. So als würden Sie Ihren Blick kurz über den Organismus schweifen lassen – schlicht wahrnehmend und wertneutral.

Vertrauen beinhaltet, diesen Signalen eine Daseinsberechtigung zuzugestehen, anstatt sie zu verdrängen oder ihre Richtigkeit in Frage zu stellen. Dieses Zweifeln an der Richtigkeit der Signale wäre so, als würden Sie die Tankanzeige Ihres Autos anzweifeln. Durch den Zweifel können Sie keine adäquate Entscheidung treffen. Die Entscheidung fällt schließlich Ihr Auto, wenn der Tank dann tatsächlich leer ist. Unangenehm, wenn es gerade mitten in der Nacht auf einer verlassenen Landstraße, fünfzig

Kilometer von der nächsten Tankstelle und weit vom nächsten bewohnten Haus entfernt passiert, Sie Ihr Handy vergessen haben und auch noch vollkommen unpraktisch gekleidet sind, um zu Fuß durch den Schnee zu stapfen. Sie meinen, dies sei eine übertrieben unrealistische Vorstellung? Lassen Sie mich ein Beispiel aus dem Alltag nehmen: Stress.

Eine junge Frau, nennen wir sie »Daniela«, arbeitet in einer bekannten Werbeagentur als Art-Direktorin. Der Job macht ihr großen Spaß, sie ist hochmotiviert und fühlt sich geehrt, bereits kurz nach ihrem Studium die Verantwortung für ein kleines Creativ-Team von fünf Personen bekommen zu haben. Einsatz wird in der Agentur großgeschrieben. Es gehört zum normalen Arbeitsalltag, immer wieder die Nächte und Wochenenden durchzuarbeiten. Jeder macht das. Für Daniela ist das vollkommen normal. Die Aufträge für das Team und für Daniela häufen sich. Seit einiger Zeit bemerkt sie, dass ihr morgens schnell schwindelig wird und sie sich müde und überarbeitet fühlt. Sie beobachtet ihre Kollegen. Doch alle sind guter Laune und zeigen keine Anzeichen von Müdigkeit, obwohl sie genauso viel arbeiten wie Daniela. Daniela beginnt sich ihre Müdigkeit auszureden. Es kann ja nicht sein, dass sie müde ist und die anderen nicht. Nach einiger Zeit taucht der Schwindel nicht mehr auf. Daniela arbeitet weiter wie bisher, nachts und auch an den Wochenenden. Ihr Rücken beginnt zu schmerzen. Die Schmerzen ziehen über den Nacken bis in den Kopf, und es fällt ihr schwer, sich zu konzentrieren. Gerade jetzt kann sie das nicht gebrauchen. Eine große Präsentation steht an. Mit Hilfe von Schmerztabletten kann sie weiterarbeiten. Abends kommen die Schmerzen zwar wieder, aber zum Glück hat sie sich eine große Packung Tabletten besorgt. Pausen macht sie schon lange nicht mehr, da Daniela sie als reine Zeitverschwendung betrachtet. Freundinnen rufen Daniela nicht mehr an, denn sie hat schon seit Monaten keine Zeit mehr für sie. Fragte man Daniela, wie es ihr geht, würde sie sich die Haare hektisch hinter das Ohr streichen und mit einem aufgesetzten Lächeln antworten: »Läuft alles super!« Eine Woche später fällt Daniela morgens in ihrer Badewanne beim Duschen ohnmächtig um. Als sie wieder zu sich kommt, dröhnt es in ihren Ohren so laut, als würde ein Düsenjet über ihrem Kopf starten. Der Arzt diagnostiziert einen Hörsturz aufgrund zu hoher Stressbelastung. Ob sie denn vorher gar nichts gemerkt habe, fragt er sie.

In einem Gespräch rekapituliert sie im Nachhinein ganz viele kleine Dinge, mit denen ihr Körper sie darauf aufmerksam gemacht hat, dass etwas nicht stimmte. Doch sie hat sie bewusst ignoriert oder an der Richtigkeit der Signale gezweifelt. Die anderen in ihrem Team hielten doch auch durch. Warum sollte sie anders sein? Daniela brauchte ein Jahr, bis sie sich so weit erholt hatte, dass sie wieder arbeitsfähig war, und weitere zwei Jahre, bis der Tinnitus langsam leiser wurde und sie nur noch ein leichtes, kaum hörbares Rauschen an die stressige Zeit erinnerte.

So wie Daniela geht es vielen Menschen. Durch eine unachtsame Lebensweise und auch durch wohlmeinende Freunde oder Familienmitglieder, die einem aus der eigenen Hilflosigkeit oder Erziehung heraus Schmerzen, Müdigkeit und Empfindungen ausreden, kann es passieren, dass Signale überhört und auch absichtlich verdrängt werden, weil sie vielleicht zu einem unpassenden Zeitpunkt auftreten und geplante Aktivitäten behindern.

Schmerz ist manchmal jedoch das einzige Signal, das wir noch wahrnehmen. Er ist ein lauter Schrei des Körpers, der auf diese Weise durchdringend signalisiert, dass etwas nicht stimmt. Die leisen Töne, wie beispielsweise eine geringfügige Veränderung des Muskeltonus, werden seltener wahrgenommen.

Achtsamkeit schult die Eigenwahrnehmung und fördert den Prozess des Sich-selbst-wieder-Vertrauens. Im Gegensatz zu Autos besitzen wir keine Tankanzeigen. Unsere Tankanzeige sind die Signale unseres Organismus. Durch das Vertrauen in uns selbst können frühzeitig heilsame und förderliche Maßnahmen ergriffen werden, so dass es beispielsweise gar nicht erst zu Zusammenbrüchen, Streit oder anderen Situationen kommt.

Ein weiterer Punkt ist in diesem Zusammenhang die uns innewohnende Gabe der Intuition. Intuition ist eine Fähigkeit, die unseren Vorfahren oft das Leben gerettet hat. Für Naturvölker, achtsame Menschen und Menschen, die mit sich und der Welt in Einklang stehen, ist diese Gabe ein häufig genutztes Werkzeug. In einer hochtechnologisierten und rational geprägten Umgebung verlassen Menschen sich jedoch meist lieber auf Daten und Fakten als auf ihr »Bauchgefühl«. Doch wer kennt nicht Situationen, in denen uns dieses Gefühl, diese Ahnung, sehr offensichtlich von einer geplanten Aktivität abhalten möchte. Statt diesem Gefühl zu vertrauen, ziehen wir es jedoch oftmals vor, uns aufgrund von Fakten zu entscheiden. Im Nachhinein allerdings stellen wir nicht selten fest, dass die Entscheidung unseres Bauches die eigentlich richtige gewesen wäre. Um Vertrauen in dieses Bauchgefühl zu entwickeln, brauchen wir am Anfang Mut. Das ist vielleicht nicht ganz leicht. Daten und Fakten erscheinen greifbarer und damit sicherer. Achtsamkeit bedeutet jedoch nicht, die Fakten auszuklammern, vielmehr bedeutet es, alle Faktoren in Betracht zu ziehen und daraufhin eine Entscheidung zu fällen. Mit der Zeit wird unser Vertrauen wachsen. Achtsamkeit und Vertrauen werden so zu einem Prozess, der sich in seinem eigenen Tempo vollzieht.

5. Nichtidentifikation

Diesen Punkt können wir auch als die Aufforderung zum »Nicht-Greifen« bezeichnen. Schauen wir uns einmal an, wie oft wir mit der Aktivität des Greifens beschäftigt sind. Ich meine mit Greifen hier nicht nur die physische Aktivität, wie beispielsweise mit der Hand nach einer Chipstüte greifen, sondern die selten bewusst wahrgenommene Greif-Aktivität unseres Geistes. Ein Beispiel: Stellen Sie sich vor, Sie wachen morgens gut ausgeruht auf. Die Welt ist in Ordnung, Sie fühlen sich phantastisch. Noch bevor Sie die Augen aufschlagen, um den Tag zu beginnen, beginnt sich jedoch eine Ahnung in Ihnen zu regen. Es geht Ihnen zwar phantastisch, doch da war doch was ... gestern ... Es ging Ihnen nicht so gut ... Und langsam setzt sich die Gedankenmaschinerie in Gang. Unser Geist beginnt zu wühlen und zu suchen und? ... Ja, er wird fündig und präsentiert uns in schillernden Farben das gestrige Ereignis, das uns so aufgewühlt hat. Wir greifen gedanklich kräftig zu, und ab da kreisen alle unsere Gedanken wieder um das Thema, mit allen Emotionen und körperlichen Erscheinungen, die dazugehören. Das klappt genauso gut mit angenehmen Situationen. Was hier passiert, ist: Der Geist beginnt zu suchen, wird fündig, präsentiert uns das Gefundene, und wir springen darauf an. Das ist der Moment des Greifens. Daraus folgen dann in der Regel Gedankenschleifen, Grübeln, Sorgen, Wertungen, Emotionen und Körperempfindungen.
Unser Geist reißt sich eigentlich alles unter den Nagel, was er kriegen kann, denn es wird ihm sehr schnell langweilig. Ein wahrer Affen-Geist, wie es im Zen heißt, der dauernd von einer Sache zur nächsten springt, nach allem greift, mit allem spielt, umtriebig wie ein kleines Äffchen.

In der Praxis der Achtsamkeit geht es in erster Linie darum, sich diese Abläufe überhaupt erst einmal bewusst zu machen, also wahrzunehmen, wie unser Geist auf alles anspringt. Wozu soll das gut sein? Träumen nachzuhängen oder in Gedanken jemandem mal so richtig die Meinung zu sagen kann doch recht amüsant sein? Wir können jedoch mit einem ungeübten und unreflektierten Geist noch nicht einmal wirklich frei entscheiden, ob wir Gedanken jetzt willentlich nachhängen oder nicht. Meist verselbständigt sich unsere Gedankenaktivität, und wir verlieren die Kontrolle darüber, fühlen uns den Grübelattacken und wiederkehrenden Bildern hilflos ausgeliefert.

Die Aktivität des Greifens geht ganz schnell ins Festhalten über, da wir meistens vergessen loszulassen, also vergessen, bewusst wieder Abstand zu nehmen, und es dann irgendwann gar nicht mehr können, weil der Sog zu stark ist. Das Ergebnis sind quälende Gedankenschleifen, die sich nicht mehr stoppen lassen, weil wir den Punkt verpasst haben, an dem es noch möglich gewesen wäre, auszusteigen. Wann wäre denn dieser Moment? Es ist leichter, ein trabendes Pferd einzufangen als eins, das durchgegangen ist. Gleichermaßen verhält es sich mit unseren Gedanken. Wenn unsere Gedanken bereits mit uns durchgehen und sich manifeste Grübelschleifen entwickeln, ist es schwer oder nahezu unmöglich auszusteigen. Doch mit wachsender Achtsamkeit bemerken wir, dass Gedanken aufsteigen, sehen, wie wir auf sie anspringen, und können uns aktiv wieder von ihnen zurückziehen, noch bevor sich Gedanken- oder Grübelketten entwickeln. So erlangen wir die Fähigkeit, uns von Gedanken nicht mehr einfach fortreißen zu lassen, sondern können selbst entscheiden, ob und wann wir uns dem Nachdenken oder Träumen hingeben und wann nicht.

Hier sei noch angemerkt, dass es einen Unterschied zwischen Nachdenken und Grübeln gibt. Das Nachdenken bringt Früchte hervor, beispielsweise die Lösung eines Problems und ist von Kreativität, Struktur und Klarheit geprägt. Grübeln hingegen ist Denken im Kreis, mit der starken Tendenz, dass wir uns dabei emotional in einer Abwärtsspirale bewegen. Diese Aktivität blockiert das logische und auch das kreative Denken und bringt entsprechend auch keine Lösungen hervor. Es wird begleitet von Gefühlen der Enge und Dumpfheit, manchmal sogar der Angst, Traurigkeit oder Aggressivität.

Greifen steht auch für die Identifikation mit etwas. Was hat das mit Achtsamkeit zu tun? Gehen wir zurück zu dem am Anfang dieses Kapitels beschriebenen Morgen, zurück zu diesem Moment, in dem der Gedanke an das gestrige Ereignis auftaucht. Wir greifen danach und befinden uns, obwohl wir immer noch im Bett liegen, in einer vollkommen anderen Szenerie. Es beginnt ein Film, den wir für absolut real halten, mit allen körperlichen Empfindungen wie Herzklopfen, schwitzigen Händen und Gedanken, die sich im Kreis drehen. Dabei vergessen wir vollkommen, dass wir im Bett liegen, heute ein ganz anderer Tag ist und der Moment, mit dem wir uns gedanklich beschäftigen, bereits faktisch Vergangenheit ist. Die Situation ist nur noch in unseren Gedanken. Trotzdem sind wir vollkommen weg, raus aus dem JETZT. Wir identifizieren uns vollständig mit der Situation, so wie wir uns mit einer Person in einem Kinofilm identifizieren, mit ihr leiden, mit ihr lachen und weinen. Achtsamkeit bedeutet hier, genau das zu bemerken und sich an das Jetzt zu erinnern. Sich daran zu erinnern, im Bett zu liegen, bedeutet, auszusteigen aus unserem Film und wieder ins Jetzt zurückzukehren. Wir bemerken, was passiert, wir sind wieder wach, wir können unsere Verstrickungen erkennen und erst dann haben wir die Möglichkeit, uns auch von ihnen zu lösen.

Achtsamkeit und Nichtidentifikation bedeuten Gedanken, Situationen oder Gegebenheiten ziehen zu lassen, ohne auf sie aufzusteigen, nach ihnen zu greifen oder sie festzuhalten. Wir nehmen die Position des wertneutralen Beobachters ein, der den Geschehnissen einfach nur zuschaut, ohne sich mit ihnen zu identifizieren oder aktiv einzugreifen, in dem Wissen, dass die Geschehnisse vergängliche Phänomene sind.

Ich vergleiche das gerne mit einem Mann, der an einem Fluss gemütlich in der Sonne sitzt. Es ist ein schöner Tag, und auf dem Fluss fahren viele Schiffe. Wie der Mann so auf das Wasser schaut, fährt ein Segelboot an ihm vorbei. Verträumt betrachtet er das Boot. Ihm fällt ein, dass er schon lange keinen Urlaub mehr hatte und dass eine Segelreise schon immer sein Traum war. »Ach, wär das schön, so ein Segelboot zu besitzen, dann könnte ich über die Meere fahren, vielleicht sogar bis zu den Malediven. Dort könnte ich tauchen gehen. Oh, die wunderschönen, bunten Fische, der weiße Strand. Doch dafür brauche ich Geld, viel Geld und einen Segelschein und einen Tauchschein und eine Freundin, die solche Sachen mitmachen würde. Ach Frauen! Wäre ich reich, ich würde jede kriegen. Die werden sich noch umgucken, wenn ich mit meinem Porsche zum nächsten Yachthafen fahre und ...« – Dass er immer noch auf der Bank in der Sonne am Fluss sitzt, ist ihm gar nicht mehr bewusst. Wie würde es im Vergleich dazu jemandem gehen, der Achtsamkeit praktiziert? Eine Frau kommt und setzt sich auch auf eine Bank. Die Sonne scheint, es ist ein wunderbarer Tag. Sie spürt, wie die Wärme der Sonne auf ihrer Haut prickelt, spürt, dass der Schatten im Rücken noch etwas kühl ist. Es sind Schiffe auf dem Fluss. Ein Segelboot fährt vorbei. Sie sieht es. Das Boot verschwindet aus ihrem Gesichtsfeld, sie sitzt auf der Bank. Sie ist sich dessen in diesem Moment vollkommen bewusst, spürt das Holz der Bank unter ihren Fingern, die leichte Brise des Frühlings in ihrem Haar ...

6. Akzeptanz

Akzeptanz bedeutet wirklich da sein, mit dem was ist, ohne es zu manipulieren, abzulehnen oder anders haben zu wollen. Es ist eine absolut bewusste Entscheidung, die Dinge bedingungslos anzuerkennen, so wie sie sind und der Wirklichkeit ins Gesicht zu sehen. Nur wenn wir sehen, was los ist, wo wir stehen, nur dann können wir sehen, welche Schritte wir zu gehen haben.
Wenn ich eine Grippe habe und nicht akzeptiere, dass ich eine Grippe habe, kann mir niemand helfen, auch ich selbst mir nicht. Ich werde weiter mit Gliederschmerzen durch die Gegend laufen und vielleicht sogar andere anstecken. Akzeptiere ich, dass ich eine Grippe habe, kann ich entsprechende Maßnahmen ergreifen, zum Beispiel zum Arzt gehen oder mich ins Bett legen und ausruhen.
Akzeptanz ist ein durch und durch bewusster, präsenter und somit achtsamer Vorgang. Nicht gleichzusetzen mit Hinnahme, mit der sie oft verwechselt wird. Akzeptanz ist keine Opferhaltung, sondern die Haltung eines Weisen, der sehr präsent und sich vollkommen der Dinge bewusst ist – die Dinge so sehend, wie sie sind, in einer vollkommen offenen, annehmenden und unvoreingenommenen Haltung allem gegenüber.

7. Loslassen

Wenn eine Freundin zu uns kommt und über ihren Liebeskummer klagt, kann es schon mal sein, dass wir ihr raten: »Lass den Kerl doch einfach los!« Was wir damit meinen, ist in der Regel eher ein »Rausschmeißen« als ein »Loslassen«. Das ist mit Loslassen jedoch gar nicht gemeint. Eine kleine Übung mag das verdeutlichen: Nehmen Sie etwas in die Hand, was Sie gut greifen können, umschließen Sie es mit der Hand und halten Sie es ganz fest. Merken Sie es? Es gibt nun gar keinen Raum mehr in Ihrer Hand. Der Gegenstand ist vollkommen fixiert. Spüren Sie auch, dass es mit der Zeit ganz schön kraftaufwendig ist, ihn so festzuhalten? Drehen Sie nun die Hand so, dass Ihr Handteller nach oben zeigt, wenn Sie die Hand öffnen. Öffnen Sie nun die Hand. Spüren Sie, wie sich Ihre Muskeln entspannen können? Das Objekt liegt nun auf Ihrem Handteller, es bewegt sich vielleicht, denn es ist jetzt mehr Platz da. Etwas anderes kann dazukommen. Ihr Handteller kann auch wieder leer werden und anschließend neuen Dingen Platz geben. Es kann Bewegung entstehen.

Loslassen bedeutet nichts anderes, als die Hand zu öffnen und Raum zu geben für alles, was geschieht, kommt und geht. Raum für Bewegung und Entfaltung. Damit tritt gleichzeitig auch Entspannung ein.

Was hat das mit Achtsamkeit zu tun? Manchmal merken wir nicht, wie wir uns in Dinge regelrecht verbeißen, wenn Situationen eng werden. Achtsamkeit kann uns hier sehr helfen. Denn nur wenn wir merken, dass wir festhalten, können wir uns aktiv dafür entscheiden loszulassen.

Was bedeutet Loslassen oder Raumgeben im Alltag? Wenn wir beispielsweise merken, dass wir uns in einen unlösbaren Disput verstrickt haben, sich die Kommunikation nur noch im Kreis dreht, können wir mehr Raum geben, in dem wir vielleicht um eine Pause bitten oder den Raum verlassen (nach einer entsprechenden Ansage). Wenn ich beim Schreiben nicht weiterkomme oder mir Ideen fehlen, gehe ich spazieren oder schaue zumindest mal aus dem Fenster, räume die Spülmaschine aus – mache einfach etwas anderes. Das löst den Geist und er bekommt mehr Raum und dadurch entstehen neue Ideen.

Ideen, Lösungen, Kreativität erwachsen niemals aus einem engen, festgefahrenen Geist. Manche Menschen bekommen ihre Ideen auch bei Tätigkeiten, die nichts mit dem eigentlichen Problem zu tun haben, beispielsweise beim Joggen oder auf der Toilette, im Urlaub, beim Autofahren, Duschen oder Einkaufen. Erst wenn wir bemerken, dass wir mit dem Kopf gegen eine unverrückbare Wand rennen, erst dann können wir uns entscheiden, einen Schritt zurückzutreten, um die Tür zu sehen und durch sie hindurchzutreten. Dafür brauchen wir Achtsamkeit.

8. Liebe und Mitgefühl

Liebe und Mitgefühl sind unerlässlich für jede Achtsamkeitspraxis. Sie sind deren Seele. Sie verbinden uns mit uns selbst und allen Menschen um uns herum. Mit Liebe und Mitgefühl fallen Akzeptanz und Verstehen leichter, entstehen Vertrauen und Geduld. Wir alle kennen wohl Stimmen in uns, die nicht besonders nett mit uns reden und dauernd an uns herummäkeln. Ohne die Kultivierung von Liebe und Mitgefühl würde der Achtsamkeits-Feldwebel Einzug in unsere Welt halten und uns tagein, tagaus unerbittlich unter die Nase reiben, wo und wann wir vollkommen unachtsam waren, was wir alles immer noch nicht sehen, und uns unablässig fragen, wie wir es jemals schaffen wollen, achtsam zu werden. Gehen Sie sanft mit sich um. Wir sind Menschen, wir sind fehlbar und wir beginnen gerade mit der Achtsamkeitspraxis. Jeder in seinem Tempo. Wir werden die Erfahrung machen, dass sie uns manchmal schwerfällt und

manchmal leichtfällt, dass sie uns begeistert, dass sie uns miss-
fällt, dass sie Freude macht und unser Leben erhellt. Und wir
werden entdecken, dass wir im Kern nicht unbedingt so ver-
schieden von anderen sind, denn im Grunde wollen wir alle nur
zwei Dinge: glücklich sein und Leiden, Schmerz und Tod vermeiden.

Für dieses Glück und das Vermeiden von Leiden, Schmerz und
Tod gehen wir sehr weit. Wir schreien manchmal, werfen mit
Dingen um uns, benutzen harte Worte oder bedienen uns ma-
nipulierender Tricks. Wenn das nächste Mal jemand vor Ihnen
steht und Sie anbrüllt, können Sie sich bewusst machen, dass
dieser Mensch Sie anbrüllt, weil er nicht glücklich ist und mit
dem Brüllen versucht, sein Glück wiederzuerlangen. Er benutzt
vielleicht nicht gerade ein adäquates Mittel, aber er möchte nur
eins: glücklich sein. Dieses Wissen hilft Ihnen vielleicht, nicht
mehr zurückzubrüllen, sondern sich um das Wesentliche zu
kümmern: die Lösung des Problems. In vollkommener Achtsamkeit. So ist die Frucht der Achtsamkeit Verstehen, und über
das Verstehen entwickeln sich automatisch Liebe und Mitgefühl.

Wir brauchen uns dabei nicht perfektionistisch zu überfordern
und müssen auch nicht zu Mutter Teresa werden. Denken Sie
einfach nur das nächste Mal daran, was wohl Glück für die Person bedeutet, der Sie gerade gegenüberstehen, wie ihre Wirklichkeit wohl aussehen mag, woran sie am meisten leidet und
was sie jetzt wohl am meisten braucht. Wie würde es Ihnen in
einer vergleichbaren Situation gehen, was würden Sie sich wünschen, was würden Sie brauchen? So kann mit der Zeit wirkliches Mitgefühl entstehen. Bedenken Sie: Kriege entstehen, weil
jeder auf seinem Standpunkt des Glücks beharrt und keiner bereit ist, seinen Teil zum Glück beizutragen.

Kriege im Kleinen können wir durch die Praxis der Achtsamkeit und die Entwicklung von Liebe und Mitgefühl beseitigen oder gar nicht erst entstehen lassen.

Authentische Achtsamkeit ist stets liebe- und friedvoll. Immer wenn Sie merken, dass Ihr Geist durch die Achtsamkeit eng oder kalt wird, handelt es sich nicht um authentische Achtsamkeit, sondern vielmehr nur um Kontrolle. Wahrhaftige Achtsamkeit fühlt sich leicht und fließend an, ganz weich und doch wach und klar. Es ist eine leichte, fließende Präsenz, die an nichts festklebt, die sich nichts einverleibt, ähnlich wie ein klarer Bach, der frisch über die Steine fließt, jeden Stein kurz berührt und umspült und schon wieder weiterfließt, ohne anzuhalten, ohne sich irgendwo zu stauen, voller lebendiger Energie, Klarheit und Frische.

Einführung
in die Meditation

Der Atem

*Ohne die volle Bewusstheit des Atmens können medita-
tive Stabilität und Verstehen nicht wachsen ... Wird die
Übung, den Atem vollkommen bewusst wahrzunehmen,
beständig entfaltet und geübt, so führt sie zur vollkom-
menen Verwirklichung in den vier Grundlagen der
Achtsamkeit.*

BUDDHA SHAKYAMUNI, *Anapanasati Sutta*[2]

Atmen ist Leben, Leben ist Atmen. Das eine funktioniert
nicht ohne das andere. Es ist der Atem, der uns mit dem
Leben verbindet, der uns begleitet seit unserer Geburt und mit
uns geht bis zu unserem Tod, der beständig fließt, kommt und
geht, wie ein langer Fluss.

An unserem Atem können wir vieles bemerken. Wir erkennen
unsere Stimmungen und unsere Spannung oder Entspannung.
Wenn wir ihm achtsam begegnen, können wir eine Menge lernen. Wir können lernen, in den Moment zu kommen, der mit
dem Atem einhergeht. Wir können lernen, still zu werden und
dem Atem zu lauschen. Wir können lernen, die Dinge ruhiger
laufen zu lassen und dem natürlichen Rhythmus des Lebens,
dem Sein, wieder mehr Raum bei uns zu geben.

Selten jedoch sind wir uns des Atems bewusst. Er ist einfach da, fließt still, vergessen. Manchmal flach, wenn wir angespannt und nervös sind, manchmal tief, wenn wir schlafen oder entspannt sind.

Die Übung der Achtsamkeit ist unser Weg zurück zu unserem Atem, zurück zu uns selbst, zurück zu diesem Moment. Sie verbindet uns wieder mit dem Leben und schafft eine Brücke, über die wir mit unseren unmittelbaren Erfahrungen, mit dem ganzen Reichtum unseres gegenwärtigen Momentes, dem JETZT, wieder in Verbindung treten können.

Wir brauchen nicht viel zu tun. Es ist ganz leicht. Einfach nur atmen und uns dessen vollkommen bewusst sein. Den ganzen Einatem lang, den ganzen Ausatem lang. Das ist alles.

Verbinden wir die Übung des bewussten Atmens mit der Achtsamkeit auf unseren Körper, unsere Emotionen, der Regungen unseres Geistes und seiner Objekte, dann wird der Atem mit der Zeit zu unserem Werkzeug werden, mit dessen Hilfe wir lernen können, unser Leben eigenverantwortlicher, bewusster und klarer zu leben, mit unseren Emotionen angemessener umzugehen, Verspannungen und Stress zu lösen und Schmerzen und Schwierigkeiten leichter zu ertragen oder gar aufzulösen.

Die Meditation

Aufräumen mit Missverständnissen

Häufig habe ich die Erfahrung gemacht, dass Menschen sehr unterschiedliche Vorstellungen und teilweise auch unerfüllbare Erwartungen in Bezug auf die Meditation haben. Aus diesem Grund möchte ich zu Beginn mit ein paar der häufigsten Missverständnisse aufräumen.

Die Achtsamkeitsmeditation, um die es in diesem Buch geht, ist keine Entspannungstechnik, denn sie verfolgt ein anderes Ziel: Bewusstheit. Sie ist also keine Flucht vor der Realität oder die Erschaffung einer wunderbaren Parallelwelt, wie manche meinen. Ganz im Gegenteil, Achtsamkeitsmeditation macht die Realität, so wie sie ist, vollkommen bewusst. Einige erwarten, dass sie spirituelle Ekstase oder tiefe Ruhe erfahren und sich ihre Probleme wie durch Zauberhand auflösen. Seien Sie nicht zu enttäuscht, wenn diese Rechnung nicht aufgeht. Sie kommen nicht umhin, selbst an sich und Ihren Problemen zu arbeiten. Das Empfinden von Ruhe kann sich einstellen, doch genauso gut kann sich Meditation manchmal recht anstrengend anfühlen. Trotzdem läuft nichts falsch.

Es geht in der Meditation nicht darum, sich eine rosa Seifenblase zu erschaffen, in der alles in Ordnung ist, sondern darum, sich die eigenen Muster anzuschauen, sich der Selbsttäuschungen, Ängste und Hoffnungen bewusst zu werden und die kleinen und großen neurotischen Spielchen aufzulösen. Das ist Arbeit, tut manchmal weh, ist manchmal großartig, manchmal entspannend, erheiternd oder auch traurig. Das ganze Leben mit seiner gesamten Fülle an Möglichkeiten sitzt mit Ihnen auf Ihrem Meditationskissen.

Sie brauchen sich nicht besonders meditativ zu kleiden, mit einer besonderen, meditativen Stimme zu sprechen, sich die Haare abzurasieren, sich Zeichen auf die Stirn zu malen oder Buddhist zu werden. Achtsamkeitsmeditation ist ein innerer Weg, ein Weg der Mitte, ohne Übertreibungen oder Untertreibungen, weder geheim noch besonders an die große Glocke zu hängen. Sie ist ein Training, eine Sache wie Zähneputzen, etwas vollkommen Alltägliches. Sie erfordert regelmäßige Übung, Disziplin, Durchhaltevermögen und Mut, den Dingen, wie sie sind, zu begegnen und mit ihnen Freundschaft zu schließen. Dadurch entwickeln wir die Fähigkeit, mit uns und der Welt in Frieden zu leben, was auch immer passiert, oder wie Jon Kabat-Zinn es in seinem Buch *Gesund durch Meditation* ausdrückt: Leben mit der vollen Katastrophe.

Was ist Meditation?

Meditation [*lateinisch: meditatio = das Nachdenken*] bedeutet »sich versenken«. In diesem Wortkern steckt auch die Bedeutung »sich auf die Mitte ausrichten«. In vielen Religionen und Kulturen ist Meditation als Besinnung oder geistige Sammlung bekannt und wird auf unterschiedliche Art und Weise ausgeführt, deren Darlegung den Rahmen dieses Buches aber sprengen würde. Ich gehe im Folgenden nur auf die Achtsamkeitsmeditation ein, die ich der Einfachheit halber einfach nur noch *Meditation* nennen werde.

Meditation ist schlichtes, bewusstes Sein, ohne etwas zu verändern oder zu manipulieren, abzulehnen oder festzuhalten. Sozusagen kultiviertes Nichtstun. Sie wird in Stille und vornehmlich im Sitzen geübt. In der Meditation wird das nicht-eingreifende oder nicht-manipulierende Beobachten aller körperlichen Empfindungen, Gedanken und Gefühle trainiert und der Fokus der Aufmerksamkeit durch die Ausrichtung auf den Atem ganz bewusst immer im jeweiligen Moment gehalten. Die Ausrichtung auf den Atem ist ein Hilfsmittel, und wenn der Geist stabil genug ist, kann sie fallengelassen werden. Im Laufe der Übungszeit – auch Praxis genannt – bekommen wir einen Einblick darin, wie unser Geist funktioniert. Wir erkennen, wie er pausenlos vor sich hin plappert, nach allem greift und Gedankengebilde schafft, die manchmal schön und verlockend oder aber auch schrecklich und furchteinflößend sein können. Mit Hilfe der Rückbesinnung und Fokussierung auf den Atem trainieren wir die Fähigkeit, aus diesen Filmen wieder auszusteigen, das Festhalten an Ideen und Vorstellungen zu lösen, immer präsenter zu werden und uns immer weniger im Alltag zu verstricken. Das beruhigt und stabilisiert mit der Zeit den Geist und ermöglicht es uns, auch im Alltag, selbst in schwierigen Situationen, die uns normalerweise vollkommen mitreißen würden, bewusst und handlungsfähig zu bleiben.

Das ist Meditation: Entwicklung von Klarheit, Bewusstheit, Authentizität und die Verabschiedung von jeglichen Scheinwelten, Fluchtorten und rosa Seifenblasen.

Warum meditieren?

Wir erlangen Weisheit nicht, indem wir Ideale aufbauen, sondern indem wir lernen, die Dinge klar zu sehen, so wie sie sind.

JACK KORNFIELD UND JOSEPH GOLDSTEIN[3]

Jede Reise beginnt mit dem ersten Schritt. Damit die Reise aber nicht ins Nirgendwo geht, ist es von Vorteil, wenn man sich über die eigene Motivation und das Ziel klar wird.

Manche Menschen kommen einfach aus Neugier zur Meditation. Sie haben davon gehört. Eine Nachbarin hat vielleicht davon erzählt, oder sie haben einen Artikel in einer Zeitung gelesen. Sie wollen einfach mal schauen, was das denn ist. Andere kommen mit konkreten Anliegen. Sie erleben vielleicht eine Krise in ihrem Leben, eine schwere Krankheit, den Verlust eines geliebten Menschen oder Stress und suchen nach Alternativen, mit ihrem Leid umzugehen. Manche Menschen kommen in ihrem Leben immer wieder an die gleichen Schwierigkeiten, wechseln ihren Partner, ihren Wohnort, ihre Freunde, ihre Arbeitsstelle und erleben doch nach einiger Zeit immer wieder die gleichen problematischen Situationen und wollen einen Ausweg aus diesem Kreislauf finden. Vielleicht ist in Ihrem Leben alles in Ordnung und Sie suchen nur nach einer Form der persönlichen Weiterentwicklung, eine Möglichkeit, über Ihre persönlichen Muster hinaus zu gelangen und Dinge zu verstehen oder mal anders laufen zu lassen.

Was ist Ihre Motivation, warum wollen Sie meditieren? Wo soll Ihre Reise hingehen? Woran werden Sie erkennen, dass Sie Ihr Ziel erreicht haben, was ist dann anders, was sehen Sie, was fühlen Sie dann? Nehmen Sie sich ein paar Momente Zeit dafür, sich über Ihre Motivation und Ihr Ziel klarzuwerden. Das wird Ihnen helfen, Ihrer Praxis mehr Klarheit und Kraft zu verleihen.

Wo meditieren?

Suchen Sie sich zum Meditieren einen Platz, an dem Sie sich wohl und sicher fühlen. Es sollte ein Raum sein, in dem es nicht zieht, den Sie nach Ihren Bedürfnissen temperieren und lüften können. Für den Anfang ist es sicher hilfreich, wenn Sie in einer möglichst geräuscharmen und störungsfreien Umgebung üben. Sollten Sie mit anderen Personen, Partner, Partnerin oder Familie zusammenwohnen, erklären Sie ihnen, dass dies nun eine Zeit ist, die Sie mit sich selbst verbringen und in der Sie nicht gestört werden möchten. Stellen Sie das Telefon nach Möglichkeit ab oder leise. Doch verabschieden Sie sich am besten schon von Beginn an von der Vorstellung, Ihre Meditation sollte in vollkommener Stille vonstatten gehen. Alltägliche Hintergrundgeräusche und unvorhergesehene Ereignisse gehören zu unserem Leben dazu. Die Achtsamkeitsmeditation blendet nichts aus. Wir meditieren uns nicht unter eine alles abschirmende rosa Käseglocke. Ganz im Gegenteil, es geht in der Meditation darum, mit der Wirklichkeit, mit dem Jetzt Freundschaft zu schließen und zu üben, das Festhalten, die Selbstgespräche und Bewertungen zu reduzieren. Die tägliche Geräuschkulisse und unvorhergesehene Ereignisse sind willkommene Übungsfelder, um diese Fähigkeiten zu trainieren.
Richten Sie sich Ihren Meditationsplatz so ein, dass er Ihren Bedürfnissen gerecht wird. Achten Sie darauf, dass Ihr Sitz so

bequem wie möglich ausgestattet ist und dass Sie auf ihm möglichst entspannt, beschwerdefrei und anstrengungslos längere Zeit sitzen können.

Es gibt verschiedene Arten zu sitzen. Sie können auf einem Stuhl oder auf dem Boden auf einem Sitzbänkchen oder einem Meditationskissen sitzen. Sitzbänkchen und Meditationskissen ermöglichen auch auf dem Boden einen leicht erhöhten Sitz, so dass sich das Becken etwas nach vorne kippen kann. Daraus ergibt sich eine natürliche Aufrichtung der Wirbelsäule, die ohne Muskelkraft gehalten werden kann.

Die aufrechte Wirbelsäule erleichtert es Ihnen, aufmerksam zu bleiben, und gewährleistet eine unbehinderte Atmung. Experimentieren Sie einmal: Setzen Sie sich aufrecht hin und spüren Sie Ihren Atem. Dann lassen Sie sich ganz bewusst einsinken, der Oberkörper schrumpft in seiner Aufrichtung. Wie fühlt sich Ihr Atem an, wie fühlen Sie sich? Können Sie Unterschiede wahrnehmen?

Wenn Sie auf dem Boden auf einem Meditationskissen oder Bänkchen sitzen, empfiehlt es sich, eine dicke, zu einem Quadrat gefaltete Decke als Unterlage zu nehmen oder eine spezielle Meditationsmatte. Das wärmt und ist gerade bei längerem Sitzen für Ihre Fußknöchel sehr wohltuend und angenehm. Wer lieber auf einem Stuhl sitzt, kann sich für die Beckenkippung ein Keilkissen auf den Stuhl legen.

Je nachdem, für welche Sitzposition Sie sich entscheiden, gibt es verschiedene Empfehlungen, um in eine möglichst meditationsförderliche und gleichzeitig bequeme Haltung zu gelangen. Diese Empfehlungen sind bestens erprobt und reichen teilweise bis in die Zeiten Buddhas zurück.

Die moderne Variante – der Stuhl

Es ist zu empfehlen, mit dem Gesäß etwas auf die Kante der Sitzfläche des Stuhls zu rutschen. So können Sie leichter das Becken kippen und den Rücken aufrichten. Sollte das zu anstrengend sein, rutschen Sie mit dem Gesäß wieder nach hinten und lehnen Sie sich mit aufrechtem Rücken an die Lehne des Stuhls. Stellen Sie Ihre Füße mit der ganzen Fläche fest auf den Boden, Unterschenkel und Oberschenkel bilden einen ungefähren rechten Winkel zueinander, Ihre Hände ruhen ganz entspannt mit den Handflächen nach unten auf den Oberschenkeln oder wie Schalen, mit den Handflächen nach oben ineinander gelegt, im Schoß. Dabei berühren sich die Daumenspitzen leicht.

Die klassische Variante – das Meditationskissen

Hier gibt es verschiedene Arten zu sitzen: den Schneidersitz, den burmesischen Sitz und den Lotossitz. Beim Schneidersitz, auch indianischer Stil genannt, werden die Beine gekreuzt und untergeschlagen. Ganz ähnlich ist der burmesische Sitz, bei dem aber beide Unterschenkel auf dem Boden ruhen und auf das Unterschlagen der Beine verzichtet wird. Als Alternative dazu kann man einen Fuß auf den gegenüberliegenden Oberschenkel legen. Diese Position wird »halber Lotos« genannt. Besonders geschmeidige oder geübte Personen können auch noch den anderen Fuß dazu nehmen, so dass beide Beine verschränkt sind und die Füße auf den Oberschenkeln ruhen. Das ist dann die Position des vollen Lotossitzes. Die beiden letztgenannten Positionen sind für westliche Praktizierende meist zu schwierig und auf Dauer zu unbequem.
Wählen Sie eine für sich passende Position aus, rutschen Sie auf

die vordere Kante des Kissens, kippen Sie Ihr Becken etwas nach vorne, richten Sie den Rücken auf und lassen Sie die Hände auf den Oberschenkeln ruhen. Alternativ können Sie die Hände auch in Höhe etwas unterhalb Ihres Nabels wie Schalen, mit den Handflächen nach oben, ineinanderlegen. Dabei berühren sich die Daumenspitzen leicht. Es sollte eine klare Geste sein. Sollten Sie bemerken, dass sich durch das Halten Ihre Nacken- und Schultermuskeln anspannen, verwenden Sie ein Kissen als Unterstützung, das Sie sich einfach in den Schoß legen, und legen Sie darauf die ineinandergelegten Hände ab. Das Meditationskissen, auf dem Sie sitzen, ermöglicht es Ihnen, mit Ihrem Gesäß etwas erhöhter zu sitzen, so dass Sie leichter das Becken nach vorne kippen, die Beine auf dem Boden ruhen lassen und Sie den Rücken anstrengungslos aufrichten können. Wenn Ihr Kissen zu niedrig ist, führt dies häufig zu einem Rundrücken und Rückenschmerzen. Erhöhen Sie in dem Fall Ihren Sitz durch weitere Kissen oder gefaltete Decken so weit, bis Sie das Gefühl haben, einen entspannten und doch geraden Rücken zu haben, ohne Muskelanstrengung.

Das Sitzbänkchen

Wenn Ihnen das Sitzen auf einem Kissen Schwierigkeiten bereitet, vielleicht weil Sie sich dafür zu steif fühlen, Hüft- oder Knieprobleme haben, aber doch gerne auf traditionelle Weise auf dem Boden sitzen möchten, könnte das Sitzbänkchen für Sie eine gute Alternative darstellen. Hierbei sitzt man kniend auf dem Boden, mit unter das Bänkchen geschobenen Beinen. Das Gesäß ruht auf der Fläche des Bänkchens (ohne Bänkchen würde man mit dem Gesäß auf den Fersen sitzen). Durch das Bänkchen ist das Gewicht auf das Gesäß verlagert, die Sitzposition erhöht, der Beugewinkel der Knie reduziert und die Knie sind somit entlastet. Das Bänkchen ist meist so gefertigt, dass durch eine schräge Sitzfläche die Beckenkippung sanft unterstützt wird und sich der Rücken natürlich aufrichten kann.

Wann meditieren?

Es gibt keinen bestimmten, »richtigen« Zeitpunkt, an dem man meditieren sollte. Experimentieren Sie am Anfang einfach, und finden Sie so die für Sie passende Zeit heraus. Für manche Menschen ist der frühe Morgen eine wunderbare Zeit. Vielleicht weil es die einzige Zeit des Tages ist, in der sie sich selbst in Ruhe Zeit einräumen können, oder weil sie das Gefühl haben, sich so auf ihren Tag in Achtsamkeit ausrichten zu können. Für andere ist der Abend die Zeit ihrer Meditation, und sie geben sich damit Zeit und Ruhe, den Tag abzuschließen. Es spricht nichts dagegen, jede beliebige Zeit zu wählen oder auch den Morgen und den Abend, um den Tag mit Meditation zu beginnen und ihn mit Meditation abzuschließen. Ein Bekannter von mir hat sich beispielsweise in seinem Büro einen Meditationsplatz eingerichtet, der es ihm erlaubt, auch in der Mittagspause zu meditieren. Achtsam zu sein bedeutet in Bezug auf die Meditation, sich selbst nicht zu überfordern. Achten Sie daher auf Ihren Biorhythmus. Mit der Zeit werden Sie herausfinden, wann Ihre Zeit ist. Dann ist es hilfreich, daraus eine Regelmäßigkeit zu machen. Menschen sind Gewohnheitstiere, und es fällt leichter, eine neue Gewohnheit zu etablieren, wenn wir die neue Tätigkeit immer zur gleichen Zeit ausführen. Das tibetische Wort für Meditation heißt *gom*, und es bedeutet, *sich etwas zur Gewohnheit machen*.

Und das sollte Meditation für uns werden: eine heilsame Gewohnheit, ähnlich wie Zähneputzen. Ohne Zähneputzen morgens das Haus zu verlassen, ist für die meisten mittlerweile undenkbar. Aber auch diese Gewohnheit musste erst etabliert werden, und Sinn und Zweck des Zähneputzens mussten uns einleuchten. Mit der Zeit entwickelten wir dann die Gewohnheit, uns täglich die Zähne zu putzen, zum Wohle unserer Gesundheit.

Mit der Meditation verhält es sich ähnlich. So, wie Zähneputzen Mundhygiene ist, ist Meditation eine Art Geisthygiene. Auch sie sollte täglich geübt werden, in guten wie in schlechten Tagen, damit sie heilsame Auswirkungen auf uns haben kann.

Meditation ist keine »Schönwetterpraxis«. Es gibt keinen *richtigen* Zeitpunkt, damit anzufangen. Vielleicht denken Sie, dass Sie erst etwas ruhiger sein oder mehr darüber wissen müssten oder es Ihnen vielleicht noch nicht gut genug geht. Vielleicht geht es Ihnen auch gerade super, und Sie denken, dass Meditation nur etwas für diejenigen ist, denen es so richtig schlecht geht. Doch es gibt keinen besonderen Moment und keinen besonderen Tag oder keine speziellen Voraussetzungen für Meditation. Fangen Sie einfach an. Jetzt! Jetzt ist der beste Moment! Jetzt ist der einzige Moment, den Sie haben, in dem Sie lebendig sind. Um es mit Pema Chödröns Worten zu sagen: *»Beginne, wo Du bist«*, jetzt, mit allen Sorgen, Freuden, Empfindungen, mit allem, was im Moment in Ihnen präsent ist. Dann wird Ihre Praxis fruchtbar und lebendig, denn Sie bringen den Reichtum Ihres Lebens mit aufs Kissen. Dieser Reichtum ist Ihr Potenzial, Ihr Treibstoff, der Sie alle Ihre Qualitäten entwickeln lässt. Was wären wir ohne Schwierigkeiten? Wir könnten uns nicht entwickeln. Viele Menschen finden in Krisen zur Meditation. Die Krise hat sie wachgerüttelt und in ihnen den Wunsch geweckt, etwas in ihrem Leben zu verändern, mit sich selbst und dem

Leben in näheren Kontakt zu treten und zu verstehen, wie die Dinge zusammenhängen und warum sich die Dinge so entwickelt haben. So sind Krisen wunderbare Voraussetzungen für den Weg der persönlichen Entwicklung. Und so möchte ich Sie einladen anzufangen, jetzt, in diesem Moment Ihres Lebens. Fangen Sie einfach an, Sie haben alles, was Sie brauchen, und machen Sie weiter, auch wenn Sie sich besser fühlen oder sogar großartig. Machen Sie einfach weiter, so, wie Sie sich auch weiter die Zähne putzen, und sei es, weil Sie das frische, saubere Gefühl im Mund so schätzen. Wenn wir die Meditation als festen Bestandteil unseres Lebens etablieren, dann werden wir uns nicht mehr fragen: *»Soll ich mich jetzt hinsetzen oder vielleicht lieber später?«* Wir werden es einfach tun. So wie Zähneputzen. Diese Gewohnheit erleichtert uns die tägliche Praxis und schafft einen Raum, in dem wir bei uns ankommen und in dem wir mit uns selbst zu Hause sein können.

Wie lange meditieren?

Wie lange Sie meditieren, hängt von Ihren persönlichen Möglichkeiten ab. Am Anfang empfiehlt es sich, nur kurze Zeitspannen zu sitzen. Das hält den Geist wach und überfordert Sie nicht gleich – und macht dann auch Lust auf mehr. Nichts ist anfangs frustrierender als das Gefühl, endlos die Zeit abzusitzen. Denn dann werden Sie es schwer haben, sich voller Freude regelmäßig hinzusetzen. Beginnen Sie am Anfang mit fünf Minuten, und steigern Sie die Zeit auf zehn Minuten, wenn Sie das Gefühl haben, es macht Ihnen Freude, es fällt Ihnen leicht, zu sitzen und die Aufmerksamkeit frisch zu halten. Zehn Minuten sollten für den ersten Monat bei täglicher Praxis reichen. Nach einem Monat erhöhen Sie auf eine viertel Stunde bis zwanzig Minuten. Sitzen Sie so täglich einen Monat lang. Wenn Sie die Zeit weiter ausdehnen möchten, sitzen Sie für einen weiteren Monat eine halbe Stunde. Achten Sie darauf, wie Sie sich dabei fühlen, und verlängern Sie die Zeit langsam nach Ihrem persönlichen Empfinden. Nach einem Jahr täglicher Praxis sollten Sie ohne Probleme eine Stunde sitzen können. Es soll hier allerdings nicht der Eindruck entstehen, dass Sie nur ein *guter* Meditierender sind, wenn Sie eine Stunde sitzen können. Es ist ganz wichtig, dass Sie auf Ihre persönlichen Möglichkeiten achten und sie respektieren.

Die Sitzpraxis sollte mit Ihrem Leben kompatibel sein. Wählen Sie dazu eine Zeitspanne, die Sie ohne Probleme täglich einhalten können. Die Regelmäßigkeit ist der Schlüssel zum Erfolg. Eine »Sonntagspraxis« wird kaum Erfolge zeigen.

Mit der Zeit wollen Sie der Meditationspraxis in Ihrem Leben vielleicht mehr Zeit einräumen, weil sie für Sie wichtig geworden ist. So werden Sie ganz natürlich, ohne Zwang einfach länger sitzen.

Mit dem Meditieren zu beginnen ist so ähnlich, wie mit einer Ausdauersportart zu beginnen, beispielsweise dem Joggen. Am Anfang läuft man regelmäßig mehrmals pro Woche kurze Einheiten, damit sich der Körper an die neue Anstrengung gewöhnen kann und entsprechende Muskeln ausbildet. Woche für Woche dehnt man die Zeit langsam aus, und der Körper passt sich immer mehr den Anforderungen an. Nach ein paar Wochen kann man ohne Probleme eine halbe Stunde laufen. Ja, man beginnt es zu genießen, es fällt zunehmend leichter und macht Spaß. Man fühlt sich leistungsfähiger, nimmt vielleicht noch ein paar Kilo ab und kommt auf neue Ideen.

Zur Übung der Meditation braucht es, genauso wie beim Joggen, Disziplin und Durchhaltevermögen. Meditation ist nicht immer leicht und schön. Sie fühlt sich manchmal wirklich wie Arbeit an. Das ist normal, es läuft dann nichts falsch. Einen wilden Affen zu zähmen ist eben nicht an einem Tag getan. Und wenn Sie ein ganzes Rudel Affen im Kopf haben, die es gewohnt sind, seit Jahrzehnten Freilauf zu haben, überall herumzuklettern, mit allem zu spielen und herumzuspringen, dann braucht es auch entsprechende Zeit, sie zu zähmen und ihnen neue Manieren beizubringen. Halten Sie durch, auch wenn es manchmal anstrengend ist, es lohnt sich. Mit der Zeit und wachsender Übung wird es leichter werden.

Nehmen Sie sich jeden Tag eine feste Zeit vor, und sitzen Sie diese Zeit, komme, was da wolle. Ob es anstrengend ist und der Affenzirkus tobt oder ob Sie sich großartig fühlen und bereits der Dalai-Lama in Person geworden sind. Bleiben Sie sitzen, atmen Sie und hören Sie erst mit der Übung auf, wenn die Zeit um ist. Sitzen Sie jedoch auch nicht länger, als Sie mit sich selbst vereinbart haben, weder um sich zu bestrafen, weil Sie nicht »richtig« meditiert haben, noch weil es gerade so gut läuft und Sie diesen Zustand gerne noch etwas konservieren möchten. Die Zeit ist um, beenden Sie die Meditation! Warum? Bestrafung hat noch keinem meditierenden Geist gutgetan und kultiviert nur Enge und Härte im Geist. Je mehr Sie die Meditation *machen* wollen, umso mehr entzieht sie sich Ihnen. Meditation geschieht, wenn wir uns vom Wollen lösen und entspannen. Und wenn es eine »schöne« Meditation war? Nun, dann ist es wunderbar aufzuhören, denn so haben Sie richtig Lust, am nächsten Tag weiterzuüben. Kleben Sie nicht an Ihren Erfahrungen.

Wie meditieren?

Der Fokus dieser Atemmeditation liegt, wie der Name schon sagt, auf dem Spüren des Atems. Sobald Sie merken, nicht mehr beim Spüren des Atems zu sein, sondern vielleicht gerade Pläne für morgen machen oder über den Tag nachdenken, bringen Sie sich sanft, aber bestimmt wieder zurück in den gegenwärtigen Moment, zurück zum Spüren des Atems. Es ist eine sehr einfache Technik und doch nicht ganz leicht, wie viele Übende nach einiger Zeit feststellen müssen.

Im Folgenden lesen Sie die Anleitung einer Sitzmeditation, wie ich sie in meinen Kursen gebe. Sie finden diese auch auf der beiliegenden CD.

ATEMMEDITATION IM SITZEN

Erlauben Sie sich, einen Moment aus der täglichen Geschäftigkeit auszusteigen, sich hinzusetzen und Zeit für innere Stille zuzulassen.

Suchen Sie sich einen Ort, der Ihnen angenehm ist und Ihnen ermöglicht, für sich selbst in Stille zu sein.

Ob Sie auf einem Stuhl, Meditationskissen oder Bänkchen sitzen, achten Sie darauf, dass Ihr Rücken gerade aufgerichtet, der Nacken lang und das Kinn etwas nach unten geneigt ist.

Wenn Sie Ihr Becken leicht nach vorne kippen, wird es Ihnen möglich sein, den Rücken ohne Muskelkraft gerade zu halten.

Sie können die Augen schließen oder geöffnet lassen. Wenn Sie Ihre Augen geöffnet lassen, schauen Sie an Ihrer Nasenspitze entlang zu Boden mit einem ganz weichen Blick, ohne etwas Bestimmtes zu betrachten.

Entspannen Sie Ihre Gesichtszüge, lassen Sie los, entspannen

Sie Ihre Schultern und lassen Sie sie nach hinten unten sinken. Sie können dies unterstützen, indem Sie einatmend die Schultern noch einmal bis zu den Ohren hochziehen und dann ausatmend langsam nach hinten unten sinken lassen. So öffnet sich Ihr Brustkorb, und Ihr Atem kann leichter fließen, Ihre Haltung wird würdevoller, offener und annehmender ... Lassen Sie Ihre Arme weich werden und auch Ihren Bauch, der sich ruhig etwas nach vorne wölben darf.

Dann nehmen Sie ganz bewusst wahr, wie Sie sitzen – nehmen die Kontaktpunkte zum Boden wahr, zum Kissen, Bänkchen oder Stuhl ... Spüren Sie anschließend ganz bewusst in Ihren gesamten Körper hinein, ob Sie irgendwo noch Anspannung feststellen können. Erlauben Sie Ihrem Körper, mit jedem Ausatmen immer weicher zu werden, mit jedem Ausatmen immer mehr Spannung loszulassen. Ihr Rücken bleibt als Achse aufgerichtet, die Haltung bewahrt weiter ihre würdevolle und klare Ausrichtung. Nur die Muskulatur Ihres Körpers entspannt immer mehr. Es ist leichter, mit einem entspannten Körper zu sitzen als mit einem angespannten.

Dann nehmen Sie Kontakt zu Ihrem Atem auf. Wo spüren Sie Ihren Atem gerade? An der Nasenspitze, wo sich vielleicht ein zarter Lufthauch bemerkbar macht? Oder vielleicht in der Kehle oder im Brustraum oder im Bauch? Entscheiden Sie sich dann für eine dieser Stellen, und verankern Sie dort Ihre Aufmerksamkeit. Fahren Sie fort, Ihren Atem an dieser Stelle zu spüren, Sie brauchen sonst nichts zu tun, dürfen sich entspannen und einfach Ihren Atem genießen.

Vielleicht merken Sie irgendwann, dass Sie mit Ihrer Aufmerksamkeit abschweifen, vielleicht einen Einkaufszettel schreiben oder über irgendetwas nachdenken. Das ist ganz normal. Die Übung besteht darin, ganz bewusst wahrzunehmen, was im Geist geschieht, dass Sie gerade denken oder abschweifen zum

Beispiel, und diesem Denken und Abschweifen nicht zu folgen. Unterbrechen Sie es. Bringen Sie Ihre Aufmerksamkeit sanft, aber bestimmt wieder zurück zu Ihrem Atem-Ankerpunkt, und fahren Sie fort, Ihren Atem zu genießen. Ganz gleich, ob der Inhalt Ihrer Gedanken angenehm oder unangenehm war. Bemerken Sie, wenn Sie abschweifen, und bringen Sie sich wieder zurück. Immer und immer wieder. Es gibt für diesen Moment sonst nichts zu tun. Dies ist Ihre Zeit.

Gedanken dürfen kommen und gehen. Sie sind der natürliche, kreative Ausdruck unseres Geistes. Lassen Sie sich von der Aktivität Ihres Geistes nicht beeindrucken. Was auch immer in Ihnen aufkommen mag, bleiben Sie beim Spüren Ihres Atems. Betrachten Sie die Regungen Ihres Geistes aus der Position eines unbeteiligten Beobachters, einer unbeteiligten Beobachterin heraus ... Wenn Sie bemerken, dass Sie von Gedanken oder Gefühlen fortgerissen worden sind und sich in ihnen verfangen haben, kommen Sie einfach und unmittelbar wieder zurück zum Spüren Ihres Atems. Ärgern Sie sich nicht. Sie üben. Sie müssen nicht perfekt sein. Und es ist vollkommen unerheblich, wie lange Sie »abwesend« waren, es zählt immer nur der Moment, in dem Sie wieder zu Ihrem Atem zurückkehren. Denn wenn Sie bemerken, dass Sie unachtsam waren, sind Sie bereits wieder achtsam. Machen Sie einfach weiter. Entspannen Sie sich, und genießen Sie den Atem.

Um die Meditation zu beenden, atmen Sie noch einmal tief ein und aus, recken und strecken Sie sich und halten Sie die Achtsamkeit bei Ihren weiteren Aktivitäten aufrecht.

Dies ist die erste Stufe der Meditation, und man nennt sie *»den Geist beruhigen«*. Diese Übung kultiviert Achtsamkeit, Wachheit, Klarheit und die Fähigkeit, sich präzise auf einen Fokus auszurichten, sogenanntes Einsgerichtetsein. Es ist eine Schulung des Geistes, sich immer wieder von allen aufkommenden Gefühlen und Gedanken zu lösen und nicht mehr wie ein Affe von einem zum anderen zu springen. Das kontinuierliche Plappern und Kommentieren kommt so ganz natürlich zur Ruhe. Erst durch dieses Einsgerichtetsein können wir uns selbst und die Dinge, wie sie sind, auf einer tiefen, geistigen Ebene erfahren und mit dem, was jetzt gegenwärtig ist, in Verbindung treten. Erkenntnisprozesse finden auf diese Weise ganz natürlich statt, und wir werden fähig, den Geist in seiner Funktionsweise und seiner eigentlichen Natur zu erkennen. Manchmal scheinen diese Erkenntnisse intuitiv aus dem Nichts aufzusteigen, ohne intellektuellen Prozess. Dies ist dann die zweite Stufe der Meditation und sie wird »Intuitive Einsicht« genannt. Sie kann sich im Laufe der Zeit mit wachsender Übung und der daraus resultierenden Beruhigung und Entspannung des Geistes einstellen.

Was tun mit aufkommenden Gedanken?

Ziel der Atemmeditation ist es nicht, keine Gedanken mehr zu haben, denn das wird nicht funktionieren. Es geht auch nicht darum, die Gedanken abzuschießen wie in einem Computerspiel oder sie zu verscheuchen. Dies alles würde die Aktivität unseres Geistes nur anfeuern. Haben Sie schon einmal versucht, nicht an einen rosa Elefanten zu denken? Und, woran denken Sie gerade? Lassen Sie die Gedanken stattdessen einfach da sein und als vergängliche Phänomene vorbeiziehen, nehmen Sie sie unbewertet wahr und bleiben Sie mit Ihrer Aufmerksamkeit im Atem verankert. Gedanken an sich sind kein Drama, unser Haften an ihnen und die daraus folgende Produktion von Gedankenketten sind das Problem. Gedankenketten werden durch unser Kleben an Gedanken genährt. Wenn Sie also Ihr Greifen nach Gedanken immer wieder lockern, werden sie mit der Zeit ganz von selbst zur Ruhe kommen. Vergleichbar den Teeblättern in einem frisch aufgebrühten Tee. Wenn wir aufhören, im Tee zu rühren, kommen die durcheinandergewirbelten Teeblätter mit der Zeit zur Ruhe, sinken nach unten auf den Boden des Teeglases, und der Tee wird klar und trinkbar.

Gedanken werden immer da sein, solange wir leben. Sie sind natürliche Bewegungen unseres Geistes. So wie Wasser immer in Bewegung ist, ist auch unser Geist in Bewegung. Und so wie Gedanken Ausdruck der Bewegungen des Geistes sind, so sind Wellen die Bewegungen des Meeres. Das eine ist vom anderen nicht getrennt. Normalerweise sehen wir unsere Gedankenwellen als etwas vom Geist Getrenntes, vielleicht sogar als etwas, das es zu bekämpfen gilt. Dabei vergessen wir, dass sie nur die Bewegungen der Oberfläche des weiten Ozeans unseres Geistes sind und dass es seine Natur ist, sich zu bewegen. Es läuft also nichts schief und es besteht kein Grund zur Beunruhigung. In der Meditation nehmen wir die Wellen wahr, ohne uns von ihnen faszinieren zu lassen – große Gedankenwellen, kleine Gedankenwellen, unser Geist bewegt sich, wie es seiner Natur entspricht. Das ist alles. Wir sitzen und atmen, unbeeindruckt vom Seegang. Würden wir jedoch nun mit Selbstgesprächen anfangen und uns Sorgen über den Seegang machen, bringen wir alles nur noch mehr in Bewegung. Bleiben wir mit den Wellen sitzen, ohne Kommentar, ohne an ihnen zu kleben, dann kommen die Wellen irgendwann ganz von selbst zur Ruhe. Nehmen Sie die Gedankenwellen als willkommene Übungsobjekte für die Schulung der Achtsamkeit. Ohne diese Gedanken könnten Sie Ihre Achtsamkeit nicht entwickeln, ja es ist sogar destruktiv für Ihre Achtsamkeitsmeditation, Gedanken verdrängen und einen gedankenfreien Raum erschaffen zu wollen. Dies würde nur die sowieso bereits bestens geschulte Tendenz des Ausweichens, Manipulierens und der Dumpfheit trainieren, jedoch keine Achtsamkeit. Der Schlüssel zum Erfolg ist, sich weder in den auftauchenden Gedanken zu verstricken und aus ihnen Gedankenketten zu bilden, noch sie zu verdrängen. Lassen Sie sie einfach vorüberziehen, und entspannen Sie Ihren Geist, indem Sie aufhören zu greifen. Kultivieren Sie einen wahren »Teflon-Geist«, der an nichts kleben bleibt. Nichts ist entspannender, als aufzuhören, sich mit allem und jedem beschäftigen zu müssen. Dann kann endlich auf einer ganz tiefen Ebene Ruhe einkehren.

Warum gerade der Atem?

Es ist überaus hilfreich, ein Objekt zu haben, auf das wir uns ausrichten, denn sonst ist die Gefahr, in Träumereien und Gedankenketten abzudriften, sehr groß. Bevor wir es überhaupt bemerken würden, wären wir bereits tief in alle möglichen Hirngespinste über Sex, Arbeit oder unseren nächsten Urlaub verstrickt. Statt Achtsamkeit kultivieren wir dann nur das Träumen und verstärken unsere bereits gut geübte Tendenz, an allem haftenzubleiben, nur noch mehr.

Vielleicht fragen Sie sich, warum gerade der Atem das Objekt der Achtsamkeits-Ausrichtung sein soll. Möglicherweise haben Sie bereits andere Meditationsformen kennengelernt, in denen äußere Objekte, wie beispielsweise eine Kerzenflamme, eine Statue, ein Bild, eine Blüte oder auch innere Bilder, sogenannte Visualisierungen, als Objekte der Ausrichtung verwendet werden.

Die Ausrichtung auf den Atem ist eine traditionelle Form der Achtsamkeitsmeditation, wie sie bereits der Buddha lehrte und in seiner Lehrrede über das bewusste Atmen, dem *Anapanasati Sutta,* darlegte.

Das Praktische am Atem ist seine permanente Verfügbarkeit. Wo auch immer wir sind, ist auch unser Atem. Er ist einfach und doch komplex genug, kostenlos und immer vorhanden – solange wir leben. Der Atem verbindet uns mit dem Jetzt, denn jeder Atemzug ist ein Moment Jetzt. Es gibt keinen Morgen-Atem oder Gestern-Atem. Manchmal haben wir in hektischen Zeiten das Gefühl, außer uns zu sein. Wir haben uns verzettelt, uns in der Welt um uns herum verloren. Die Ausrichtung auf den Atem, der in uns fortwährend geschieht, bringt uns ganz natürlich wieder zu uns selbst zurück, zurück zu unserem Körper, zurück zu unserem Geist, zurück zu unseren Empfindungen, zurück ins Jetzt, zurück in diesen Moment. Jeder Atemzug ist anders, kein Atemzug ist wie der vorangegangene. Er ist einfach da, anstrengungslos. Langweilig meinen Sie? Das dachte auch mal ein Zen-Schüler. Er ging zu seinem Meister und beschwerte sich, warum er sich in der Meditation auf so etwas Unspektakuläres, so etwas Langweiliges wie den Atem ausrichten sollte. Da packte ihn der Meister mit beiden Händen und verschloss ihm Mund und Nase. Es dauerte nicht lange, und der Schüler lief blau an. Kurz bevor er ohnmächtig wurde, ließ der Meister ihn wieder frei. Luft strömte in die Lungen des Schülers, der nach Atem ringend auf dem Boden saß. Er hatte verstanden. Ab da genoss er jeden Atemzug seines Lebens.

Der Umgang
mit Schwierigkeiten

Jeder, der sich ernsthaft mit der Meditation auseinandersetzt, wird mit Problemen in der Meditation konfrontiert werden. Wirklich jeder! Schwierigkeiten und Probleme gehören wie im »richtigen Leben« auch in der Meditation einfach dazu. Und anstatt davor wegzulaufen oder an ihnen zu verzweifeln, sollten wir sie als wunderbare Gelegenheiten willkommen heißen, denn in ihnen steckt unser Wachstumspotenzial. Im Umgang mit diesen Schwierigkeiten lernen wir eine Menge über den Umgang mit Schwierigkeiten im alltäglichen Leben, und das auf eine vollkommen ungefährliche und recht bequeme Art und Weise – auf einem weichen Kissen sitzend, eingekuschelt in eine warme Decke.

Schläfrigkeit/Dumpfheit

Mit Schläfrigkeit oder auch Dumpfheit werden wir es in unserer Meditation früher oder später auf jeden Fall zu tun haben. Sie gehören zu den Hemmnissen, die bereits im ersten Teil beschrieben wurden.

Wie es sich für ein Hemmnis gehört, behindern Schläfrigkeit/ Dumpfheit unseren Erkenntnisprozess und die Meditation oder verhindern sie sogar gänzlich. Schläfrigkeit kann sich angenehm oder auch unangenehm anfühlen. Genauso verhält es sich mit der Dumpfheit. Wenn sich Schläfrigkeit in unsere Meditation einschleicht, kann es sein, dass wir schon einschlafen, bevor wir überhaupt merken, dass wir schläfrig sind. Bei manchen Menschen geht das sehr schnell. Andere finden diesen Zustand einfach nur angenehm entspannend, allerdings fehlt diesem Zustand jegliche Klarheit.

Es gibt viele Gründe für Schläfrigkeit. Hier kann die Achtsamkeit helfen, dass wir die jeweiligen Ursachen für Schläfrigkeit herausfinden und entsprechende Gegenmittel anwenden. Gerade zu Beginn des Meditationsweges sind Körper und Geist es noch nicht gewohnt, dass Entspannung nicht gleichbedeutend mit Einschlafen ist. Diese Gleichsetzung ist eine uralte Konditionierung unseres Geistes. Mit der Zeit gewöhnen wir uns aber an die entspannte Wachheit, und die Schläfrigkeit nimmt ab. Genauso kann Schläfrigkeit auch eine Widerstandsreaktion auf eine Erkenntnis sein, die man nicht wahrhaben möchte. Es ist leichter, in den Schlaf zu flüchten, wenn etwas unangenehm wird, als sich mit den Dingen auseinanderzusetzen. Wir brauchen viel Achtsamkeit, Präzision und auch Mitgefühl für uns selbst, um uns dem, was uns Angst macht, zu nähern und aufmerksam im Brennpunkt zu bleiben. Hier liegt die wahre Qualität. Hier im Brennpunkt, wo wir an unsere Grenzen kommen, wo es schwierig wird, liegt unser persönlicher Schatz der Erkenntnis begraben. Wenn wir immer wieder die Flucht ergreifen, werden wir den Schatz nie heben können. Die Arbeit mit einem Lehrer, einer Lehrerin kann in diesen Situationen sehr hilfreich sein.

Dumpfheit ist ebenfalls eine Widerstandsreaktion, ein Blindsein für die Dinge, wie sie wirklich sind. Dumpfheit ist nicht immer leicht zu erkennen. Manchmal wiegen wir uns in dem guten Gefühl, alles klar zu sehen, und doch haben wir einen blinden Fleck. Es ist, als würden wir mit Dreck im Gesicht rumlaufen, den wir noch nicht bemerkt haben. Manchmal brauchen wir dann andere, damit wir auf unsere blinden Flecke aufmerksam werden. Nur wenn wir hinschauen und die Dinge sehen, wie sie sind, können wir Erkenntnisse gewinnen. Sonst hintergehen wir uns selbst und gelangen nicht zum Kern der Erfahrung.

Was können wir tun, wenn sich Schläfrigkeit und Dumpfheit in uns breit machen? Hier gibt es verschiedene Möglichkeiten:

- Achten Sie auf eine gute Belüftung in Ihrem Meditationsraum. Die Kleidung sollte zwar angenehm warm, aber nicht zu warm sein. Ebenso fördert eine aufrechte Körperhaltung die Wachheit. Wenn Sie bemerken, dass Sie eingesunken sind, richten Sie sich wieder auf. Lassen Sie Ihre Augen beim Meditieren geöffnet mit einem weichen Blick vor sich auf dem Boden ruhen. Sollten Sie trotzdem müde werden, heben Sie den Blick und richten Sie ihn geradeaus vor sich auf die gegenüberliegende Wand. Sobald Sie sich frischer fühlen, senken Sie Ihren Blick wieder in einem Winkel von zwei bis drei Metern vor sich auf den Boden ab. Achten Sie ebenfalls darauf, dass Sie nicht unbedingt nach einer Mahlzeit meditieren, denn dann sind Müdigkeit und Trägheit vorprogrammiert. Es ist grundsätzlich hilfreich, auf den eigenen Biorhythmus zu achten. Finden Sie Ihre persönlichen Meditationszeiten heraus. Für manche Menschen ist der frühe Morgen wie geschaffen zum Meditieren, andere würden sich nur quälen. Wenn Sie, obwohl Sie eigentlich kein Morgenmensch sind, trotzdem gerne morgens meditieren, vielleicht, weil es einfach besser in Ihren Tagesablauf passt, dann schauen Sie einmal, ob es Ihnen besser geht, wenn Sie erst einen Tee oder Kaffee zu sich genommen haben. Vielleicht hilft Ihnen auch eine Dusche.

- Finden Sie die Gründe für Ihre Schläfrigkeit oder Dumpfheit heraus. Betrachten Sie diese Phänomene achtsam. Haben Sie genug geschlafen, oder sind Sie vielleicht sehr müde und erschöpft vom Tag? Wenn Sie sehr müde sind, schauen Sie, ob es möglich ist, trotzdem in entspannter Aufmerksamkeit zu sitzen, ohne dabei einzuschlafen.

- Um zu bemerken, dass Sie einschlafen, finden Sie heraus, woran sich Schläfrigkeit und Dumpfheit bemerkbar machen. Was verändert sich, wenn Sie schläfrig und dumpf werden? Wie verändern sich Gedanken oder Gefühle? Welche Bilder entstehen? Welche Körperempfindungen treten auf? Dies alles sind Signale, die uns zeigen, was passiert. Wenn wir diese Zeichen wahrnehmen, unsere Bewusstheit hierfür schulen können, ist dies der erste Schritt, um unsere Aufmerksamkeit auch in diesen Situationen aufrechterhalten zu können. Um eingreifen zu können, muss ich erst einmal wissen, was überhaupt passiert.

- Sie sind hellwach, doch sobald Sie sich zur Meditation hinsetzen, werden Sie schläfrig und dumpf. Versuchen Sie, achtsam wahrzunehmen, was diese Schläfrigkeit oder auch Dumpfheit auslöst. Gibt es etwas, was Sie nicht sehen wollen? Ist es für Ihren Geist vielleicht unbequem, sich mit den Dingen auseinanderzusetzen? Fühlen Sie sich entspannt, und setzen Ihr Körper und Geist Entspannung mit Schlaf gleich? In beiden Fällen hilft es, die Aufmerksamkeit zu halten. Versuchen Sie, der süßen Verlockung des Schlafes zu widerstehen. Sobald Sie merken, dass Sie abschweifen, dösig werden, nicht mehr so ganz hier sind oder sich vielleicht sogar Traumbilder und traumgleiche Gedanken in Ihre Aufmerksamkeit schleichen, kehren Sie wieder zum Atem zurück und halten

Sie die Aufmerksamkeit mit liebevoller Disziplin. Sie brauchen im Umgang mit Schläfrigkeit und Dumpfheit viel Disziplin. Es gibt in Schläfrigkeit und Dumpfheit nur einen Weg: den Weg da durch! Dieses Halten der Aufmerksamkeit mit liebevoller Disziplin fühlt sich manchmal an wie ein Tanz auf Messers Schneide. Es ist nur ein schmaler Grat, der Tanz zwischen Wachsein und Schlafen; man merkt, dass man wegdriftet, und holt sich bewusst wieder in die Wachheit zurück, immer und immer wieder. Es ist ein hartes Training, zeitigt aber die Wirkung, dass sich die Konditionierung des Wegdriftens, Flüchtens und Einschlafens und auch das Hemmnis der Schläfrigkeit mit der Zeit auflösen.

Zweifel

Manchmal tauchen auch Zweifel in uns auf. Wir zweifeln vielleicht an unserer Fähigkeit zu meditieren, zweifeln daran, ob dies wirklich der für uns richtige Weg ist oder ob Achtsamkeit wirklich funktioniert usw. Zweifel gehört zu den Hemmnissen. Er kann uns umtreiben und uns von Erkenntnissen und sogar von unserer Meditationspraxis abhalten, wenn wir uns ihm hingeben. Zweifeln ist ein quälendes Gefühl, etwa so, als würden sich Türen vor uns verschließen, die wir eigentlich für geöffnet hielten. Doch sie schließen sich nicht einfach so, wir selbst schließen diese Türen durch unser Zweifeln. Allerdings steckt auch eine besondere Qualität im Zweifel: der Forschergeist. Der Forschergeist bringt uns auf dem Weg weiter voran. Mit dem Forschergeist öffnen sich die Türen wieder. Wenn sich also Zweifel in uns meldet, geht es erst einmal darum, ihn unvoreingenommen und achtsam als Zweifel wahrzunehmen. Vielleicht sind wir an einem Punkt angelangt, wo es für uns in der Meditation schwierig wird. Vielleicht sehen wir, dass wir Schritte gehen müssen, zu denen wir im Augenblick noch nicht bereit sind. Vielleicht stagniert unser Entwicklungsprozess, und wir zweifeln daran, ob wir alles richtig gemacht haben. Und das ist gesund! Hier hilft beispielsweise ein Gespräch mit einem Lehrer, einer Lehrerin oder auch mit fortgeschrittenen Praktizierenden. Klären Sie Ihre Fragen.

Mit dem Forschergeist können wir uns selbst fragen, was diesen Zweifel in uns auslöst. Wie fühlt sich Zweifel an? Was muss geschehen, damit dieser Zweifel sich auflöst? Woran würde ich erkennen, dass er sich aufgelöst hat? Was wäre der erste Schritt auf dem Weg der Auflösung?

Es geht gar nicht darum, *gegen* den Zweifel, sondern vielmehr *mit* ihm zu arbeiten, ohne uns jedoch von ihm mitreißen zu lassen. Wenn wir *gegen* etwas arbeiten, bedeutet dies immer eine Ablehnung der Situation und auch eine Ablehnung unserer Person. Ein »Mit-dem-Zweifel-Sein«, ohne dass wir vollkommen im Zweifel aufgehen, ist eine schwierige, aber heilsame Gratwanderung. Wir sind im Kontakt mit uns, sind uns des Zweifels bewusst, akzeptieren den Zustand, ohne uns darin zu verfangen. So bleiben wir handlungsfähig und offen für die Erkenntnisse, die sich aus der Situation heraus dank der Achtsamkeit einstellen können. Zweifel zeigt mit dem Finger darauf, wo wir uns vielleicht überfordern, etwas nicht verstanden haben, in den Widerstand gehen. Er weist uns auf etwas hin, das wir uns noch etwas genauer anschauen sollten.

Also, was müssen Sie sich noch genauer anschauen? Was erregt Ihren Widerstand? Wo stecken Sie fest? Was haben Sie vielleicht übersehen? Was passiert, wenn Sie zum Forscher, zur Forscherin werden? Bleibt der Zweifel, oder löst er sich auf?

Enttäuschung/Festhalten
an Meditationserfahrungen

So manch einer, der mit Meditation beginnt, erwartet irgendetwas Spektakuläres, selige Zustände oder zumindest tiefe Ruhe. Es ist eine Erwartungshaltung da. Doch diese Erwartungshaltung wird in den seltensten Fällen erfüllt. Vielleicht war unsere gestrige Meditation großartig, voller Wonne und Klarheit. Mit dieser Erwartung, dass wir schon *»so weit gekommen sind«*, setzen wir uns am heutigen Tage wieder zur Meditation hin. Und? Es passiert nichts. Das großartige Gefühl von gestern will sich einfach nicht einstellen, obwohl wir uns so viel Mühe geben. Wir beginnen, Meditation regelrecht zu *machen*, rutschen auf dem Kissen hin und her, überprüfen unsere Gedanken, unseren Atem, zweifeln vielleicht an unserer Fähigkeit zu meditieren. Statt des großartigen Gefühls von gestern machen sich Frust und das Gefühl, versagt zu haben, breit. Wir reagieren enttäuscht. Doch Meditation ist etwas, was nicht gemacht werden kann, sondern einfach geschieht. Es entzieht sich vollkommen unserem Willen. Betrachten wir das Wort »Ent-täuschung«, dann wird klar, dass Enttäuschung ein glücklicher Umstand ist, denn unsere Täuschung wird aufgehoben, und damit beginnen wir wieder, die Dinge so zu sehen, wie sie wirklich sind.
Bringen Sie Offenheit und Frische in Ihre Meditation – durch Entspannung, Neugier und Anfängergeist. Das ist das beste Mittel gegen Enttäuschung. Setzen Sie sich wie ein Kind zur Meditation nieder, neugierig und offen für alles, was passieren mag, ganz gleich, ob angenehm oder unangenehm. Lassen Sie alle Spannung aus Ihrem Körper fließen, lösen Sie Ihren Geist geduldig, entspannt und in heiterer Gelassenheit immer wieder von

den aufkommenden Gedanken und bleiben Sie aufmerksam, offen und unvoreingenommen. Dann entfaltet sich Ihre Meditation ganz von alleine, vollkommen anstrengungslos und natürlich.

Angst

Manchmal taucht während der Meditation Angst auf. Angst vor irgendetwas. Meist ist sie gar nicht klar zu definieren. Wir sitzen und es passiert eigentlich nichts Spektakuläres in unserer Meditation, kein angstauslösender Gedanke streift durch unseren Geist und doch, auf einmal macht sich Angst bemerkbar. Ein unruhiges Gefühl beschleicht uns, das Herz klopft, wir beginnen vielleicht zu schwitzen, und die Atmung wird schneller. Meist haben wir dann das Bedürfnis, die Meditation möglichst sofort zu beenden, denn irgendetwas stimmt nicht. In dieser Situation liegt aber eine große Chance. Angst taucht meistens dann auf, wenn wir eine neue Ebene der Meditation erreichen. Angst ist ein natürlicher Schutzmechanismus, nicht mehr und nicht weniger, und sollte von uns nicht überbewertet werden. Es geht nicht darum, die Angst zu vermeiden, sondern sie als das, was sie ist, anzuerkennen. Insbesondere wenn wir sehr sicherheits- und kontrollbedürftige Menschen sind und immer meinen, alles im Griff haben zu müssen, wirft uns die Angst schnell aus der Bahn. Es ist die Angst vor dem Unbekannten, die Angst vor dem Verlust der Kontrolle über uns und unsere Meditation. Meditation lässt sich aber nicht kontrollieren oder über unseren Willen steuern. Loslassen ist hier das Gegenmittel. Angst ist Festhalten an einem vermeintlichen Boden, an einer vermeintlichen Sicherheit, die es in der Meditation nicht gibt. An dem Punkt, an dem Angst auf den Plan tritt, wird es interessant. Wenn Sie dann die Meditation abbrechen, verpassen Sie die Chance, mit dieser Situation Frieden zu schließen, bei sich zu bleiben und tiefer in die Meditation einzutauchen. Wie kann man lernen, mit dieser Angst umzugehen? Es ist nicht ganz leicht, wie alle Entwicklungsschritte auf dem Weg, doch es ist möglich. Folgende Empfehlungen können hilfreich sein:

- Lernen Sie die Angst kennen. Woran erkennen Sie die Angst? Durch welche Symptome macht sie sich bemerkbar? Wodurch wird sie genährt? Was entzieht ihr die Nahrung? Wie wird die Qualität der Gedanken von der Angst beeinflusst? Sie brauchen für die Fragen wieder die achtsame Haltung des vorurteilsfreien Beobachters und der objektiven Forscherin. Bemerken Sie Ihre Impulse, die Angst loszuwerden, ihr zu entfliehen, und widerstehen Sie, ihnen zu folgen. Beobachten Sie, was passiert.
- Was auch immer passiert, bleiben Sie bei sich. Wenn Sie Angst haben und fluchtartig den Meditationsplatz verlassen, verlassen Sie sich strenggenommen selbst. Hier brauchen Sie sich selbst aber am meisten. Bei sich zu bleiben und nicht zu flüchten bedeutet nichts anderes, als sich selbst der beste Freund, die beste Freundin zu sein und sich selbst die Hand zu halten. Widerstehen Sie der Verlockung, sich von der Angst mitreißen zu lassen. Sie können sich stabilisieren, indem Sie sich auf Ihren Atem oder, wenn Ihr Atem Ihnen Sorge bereitet, da er zu schnell oder zu kurz oder zu unregelmäßig geworden ist, auf das Zentrum Ihres Körpers, beispielsweise Ihren Bauch, konzentrieren. Bleiben Sie bei den Empfindungen Ihres Bauches, legen Sie sich zur Unterstützung die Hand auf den Bauch, bis Sie sich wieder stabiler fühlen.

- Betrachten Sie die Vergänglichkeit der Phänomene. Hat die Angst eine Dynamik? Verändert sie sich, oder bleibt sie gleich? Kommt sie in Wellen oder ist sie konstant?
- Was passiert, wenn Sie die Angst da sein lassen, ohne etwas zu verändern, zu tun, auf sie aktiv zu reagieren. Was passiert, wenn Sie beginnen, sich trotz der Angst in die Bodenlosigkeit der Nicht-Kontrolle hinein zu entspannen?

Langeweile

Bisweilen kann Meditation ganz schön langweilig werden. Da sitzen wir nun und hätten doch eigentlich so viel anderes zu erledigen. Der Atem fließt ein und aus, wie er soll, und das erscheint einem nicht gerade besonders spannend. Darüber hinaus fühlt sich unsere Meditation vielleicht auch nicht besonders spektakulär an. Nichts passiert, die Zeit verrinnt zäh und scheint sich gegen uns verschworen zu haben. Kurz, uns ist so richtig langweilig.

Langeweile wird fälschlicherweise oft mit Entspannung gleichgesetzt. Dabei ist sie, wenn man sich genauer mit ihr beschäftigt, alles andere als ein entspannter Zustand. Vielmehr ist sie pure Anspannung und Ablehnung des Zustandes JETZT. Hier äußert sich unsere Gier nach Neuem, unsere Umtriebigkeit, unser Suchen nach dem nächsten Kick und die Nichtakzeptanz – unsere mangelnde Bereitschaft, uns mit der Qualität des Augenblicks zu befassen.

Wir haben verschiedene Möglichkeiten, mit dieser für uns langweiligen Situation umzugehen:

- Wir können die Langeweile selbst zu unserem Meditationsobjekt machen. Wie fühlt sich Langeweile an? Wo kann ich sie wahrnehmen? Welche Gedanken und auch Gefühlstönungen ziehen die Langeweile an? Durch welche Faktoren wird Langeweile bedingt und begünstigt? Wodurch endet Langeweile?
- Andererseits kann es auch sehr interessant sein, mit der Langeweile einmal wertneutral und annehmend zu sitzen und zu betrachten, was passiert, wenn man auf sie nicht mit Aktivität, sei es gedanklich oder konkret handelnd reagiert. Bleibt das Gefühl der Langeweile gleich, oder verändert es sich?
- Entspannung ist das Gegenmittel zu Anspannung und damit auch zu Langeweile. Wenn man in sich Langeweile spürt, ist dies ein sicheres Zeichen für Anspannung im Geist. Diese Anspannung macht sich meist auch körperlich, zum Beispiel durch angespannte Körperpartien und Schmerzen bemerkbar. Entspannen wir unseren Körper bewusst, so folgt ihm meist nach einiger Zeit auch der Geist. Wir können hierfür unseren Ausatem benutzen, indem wir die Spannung der Muskulatur mit jedem Ausatmen bewusst nach und nach lösen und dem Körper die Erlaubnis geben, loszulassen und weicher zu werden.

Unruhe/Ungeduld

Manchmal meditieren wir und sind überrascht, dass sich statt der erwarteten meditativen Ruhe quälende Unruhe einstellt. Verfallen Sie nicht in Panik. Gehen Sie pragmatisch vor: Vielleicht meditieren Sie am Abend, und Ihr Körper kann endlich nach einem hektischen Tag zur Ruhe kommen. Nun zeigt sich erst einmal, wie viel Spannung sich über den Tag hinweg im Körper aufgebaut und angesammelt hat. Das ist Ihnen vielleicht gar nicht so aufgefallen, da Sie dauernd in Bewegung waren. Möglicherweise beginnt es in Ihren Beinen unangenehm zu kribbeln, oder Sie können nicht still sitzen bleiben, und der Geist springt wie verrückt hin und her. Es ist ganz normal, dass Ihr Körper und Geist der Unruhe Ausdruck verleihen. Sie haben noch die vielen Eindrücke des Tages zu verarbeiten. Selbst wenn Sie am Morgen meditieren, kann es sein, dass Sie diese Unruhe in sich spüren, trotz einer erholsamen Nacht. Die Muskulatur spannt sich an, und die Gedanken spielen mit den kommenden Dingen des Tages Pingpong. Was ist zu tun?

- Springen Sie auf keinen Fall auf und geben so der Unruhe nach. Bleiben Sie sitzen, und praktizieren Sie aktives Nichtstun. So gewinnen Sie Autonomie.
- Vermeiden Sie es, gegen dieses Gefühl der Unruhe anzukämpfen. Erlauben Sie sich stattdessen, dass es da sein darf, genau so, wie es ist. Beobachten Sie, ob die Unruhe sich verändert, wenn Sie ausnahmsweise einmal nichts tun, um sie zum Verschwinden zu bringen. Versuchen Sie, mit einer größtmöglichen Offenheit gegenüber dem Unruhegefühl und den Phänomenen, die es in Ihrem Körper und Geist hervorruft, zu sitzen.
- Versuchen Sie zu ergründen, was das Gefühl anheizt und was ihm im Gegensatz dazu die Nahrung entzieht. Nehmen Sie aktiv die Position des vorurteilsfreien Beobachters ein. Zentrieren Sie sich mit Hilfe des Atems. Schauen Sie, was passiert, wenn Sie Ihre Aufmerksamkeit immer wieder von den Gedanken weg ganz sanft und entspannt, aber diszipliniert zurück zum Atem lenken.

Unruhe und Ungeduld sind stark verwandt mit der Langeweile und dem Wunsch nach Beschäftigung des Geistes. Und das ist genau der Mechanismus, der uns in unserem Leben dauernd umtreibt und unser Konsumverhalten anheizt. Beobachten Sie sich. Ist es der Wille nach mehr, nach etwas anderem, nach Beschäftigung? Was steckt dahinter? Manchmal verhindert dieser Drang nach Beschäftigung, nach immer Neuem, dass wir uns tatsächlich mal mit den wirklich wichtigen und wesentlichen Dingen unseres Lebens auseinandersetzen. Bleiben Sie sitzen, und schauen Sie aufmerksam. Wovor laufen Sie weg? Die Erkenntnisse, die wir in solchen Momenten gewinnen, sind häufig wichtige Schlüssel für unser Leben. Wenn Sie aufspringen und weglaufen, werden sie Ihnen entgehen.

Schmerzen/Körperempfindungen

Wenn Schmerzen und unangenehme Körperempfindungen während unserer Meditation oder auch im Alltag auftauchen, können wir dies als Chance nutzen, an dieser Herausforderung zu wachsen. Jeder Moment Schmerz und Unbehagen in der Meditation schult unsere Fähigkeit, die Rolle des wertneutralen Beobachters einzunehmen, die Dinge wahrzunehmen, wie sie sind, anstatt uns im Leid zu verstricken oder mit Aktionismus und Flucht zu reagieren. Durch die Achtsamkeit können wir diese Impulse der Verstrickung und des Aktionismus wahrnehmen und die Fähigkeit entwickeln, dem Drang zu widerstehen, diesen Impulsen zu folgen. So haben wir vielleicht zum ersten Mal in unserem Leben die Wahl, Dinge zu tun oder zu lassen. Und das nicht nur in Momenten des körperlichen Schmerzes, sondern auch in allen anderen schwierigen Situationen unseres Lebens. Wir bekommen einen Einblick in unsere reaktiven Muster, unsere Konditionierungen, Gewohnheiten, Vermeidungsstrategien und Ängste und können so beginnen, uns weiterzuentwickeln – in unserem eigenen Maß und im Rahmen dessen, wozu wir im jeweiligen Moment fähig sind. Wir brauchen uns nicht zu überfordern. Im Umgang mit Schmerz und unangenehmen Körperempfindungen helfen uns Achtsamkeit, Präzision, liebevolle Disziplin und Mitgefühl.

- Achten Sie grundsätzlich erst einmal auf eine gute Sitzhaltung. Manche Schmerzen, insbesondere Rückenschmerzen, lassen sich auf eine ungünstige Sitzposition zurückführen und vermeiden. Man muss sich nicht unnötig quälen. Je günstiger die Ausgangsposition ist, umso leichter fällt das Meditieren. Ob Sie auf einem Stuhl, Bänkchen oder Meditationskissen sitzen, ist gleich. Wichtig ist bei allen Sitzhaltungen, dass Sie das Becken etwas nach vorne kippen können, denn dann richtet sich Ihre Wirbelsäule automatisch und ohne Muskelanstrengung gerade auf. Auf einem Stuhl klappt das am besten, wenn Sie sich mit dem Gesäß wirklich vorne auf die Kante der Sitzfläche setzen. Sollten Sie allerdings einen sehr angestrengten Rücken haben oder sehr erschöpft sein, können Sie sich auch anlehnen. Achten Sie aber darauf, dass Sie wirklich gerade sitzen und sich nicht wie ein Schluck Wasser in der Kurve auf dem Stuhl lümmeln. Auf einem Meditationskissen hilft es, sich etwas erhöhter zu setzen. Viele sitzen zu niedrig. Versuchen Sie einmal, sich höher zu setzen, beispielsweise indem Sie noch eine gefaltete Decke unter das Meditationskissen legen, dann kippt das Becken auch leichter nach vorne. Eingeschlafene

Beine und Schmerzen im Rücken und Schulterbereich können so oftmals reduziert werden. Manchmal verschwinden sie sogar ganz.

- Wenn sich trotz guter Sitzposition Schmerzen bemerkbar machen, versuchen Sie, die Haltung des vorurteilsfreien Beobachters einzunehmen, der lediglich registriert, was passiert. Nehmen Sie achtsam alle aufkommenden Impulse wahr, seien es Gedanken, Bewertungen, Ängste und Handlungswünsche, wie beispielsweise sich bewegen zu wollen. Nehmen Sie sie wahr, ohne auf sie aktiv zu reagieren. Versuchen Sie, mit der unangenehmen Empfindung zu sein, ohne sie abzulehnen oder gegen sie anzukämpfen. Beobachten Sie, was passiert, wenn Sie nichts tun und sich stattdessen nur Ihrem Atem zuwenden und weiter mit sich und der Körperempfindung sitzen. Erforschen Sie, was geschieht, wenn Sie sich gegen den Schmerz stellen, und was geschieht, wenn Sie mit dem Schmerz sind. Was macht Schmerz aus, und wie entsteht das Leiden am Schmerz? Wodurch hört das Leiden auf, ohne dass vielleicht der Schmerz aufhört? Hat dies Auswirkungen auf die Stärke des Schmerzes?

- Eine andere Möglichkeit ist es, die eigene Position vorsichtig und achtsam so weit zu verändern, bis der Schmerz nachlässt. Nehmen Sie dabei Ihren Bewegungsimpuls achtsam wahr, und fällen Sie dann ganz bewusst die Entscheidung, Ihre Position zu verändern. So bleiben Sie in der Achtsamkeit verankert und geben sich nicht Ihrem üblichen reaktiven und gewohnheitsmäßigen Handeln hin. Allerdings sollte diese Änderung möglichst klein und einmalig geschehen. Wenn Sie sich dauernd umsetzen, wird es Ihnen nicht möglich sein, zur Ruhe zu kommen, da Sie nur damit beschäftigt sind, dem Schmerz zu entgehen und eine andere, schmerzfreie Position einzunehmen. Hier kommt übrigens ein nicht zu unterschätzender Aspekt des Schmerzes ins Spiel: Beschäftigung. Es gibt einen sogenannten Meditationsschmerz, der symptomatisch immer nur dann auftaucht, wenn wir uns zum Meditieren hingesetzt haben. Dieser Schmerz kann uns ganz schön beschäftigen und uns wirklich von der Meditation abhalten, wenn wir ihm nachgeben. Er ist als Widerstand gegen die Meditation zu sehen, als Festhalten an alten Gewohnheiten, an kuscheliger Gemütlichkeit und Trägheit. Und er verschwindet in der Regel, wenn wir ihm keine weitere Beachtung schenken. Ebenso das dauernde Kribbeln und Jucken, welches immer nur in Zeiten der Meditation auftaucht und sich immer neue Stellen sucht. Erst beginnt die Nase zu jucken, wir reiben; dann juckt es uns an der Wange, dann am Kopf, schließlich am Rücken und so weiter. Bald sind wir nur noch mit Kratzen und Reiben beschäftigt, ohne auch nur eine Minute meditiert zu haben. Widerstehen Sie dem Impuls zu kratzen, und das Jucken wird von selbst zur Ruhe kommen.

- Manchmal allerdings übersteigt es einfach unsere momentanen Fähigkeiten, mit den unangenehmen Körperempfindungen oder Schmerzen zu sitzen. Versuchen Sie in diesem Fall, sanft mit sich umzugehen und diesen Zustand liebevoll anzunehmen, ohne ein Drama draus zu machen. Sorgen Sie für sich, so, wie Sie glauben, dass es Ihrer Situation am besten entspricht. Vielleicht machen Sie eine Pause, und wenn es später für Sie stimmig erscheint, können Sie es ja noch einmal versuchen.

Mit Schmerzen und unangenehmen Gefühlen umgehen zu lernen bedeutet nicht, sich selbst zu quälen oder hart zu sich zu sein. Die Achtsamkeitsübung wird von einer sehr aufmerksamen, respektvollen, mitfühlenden und liebevollen inneren Haltung sich selbst gegenüber getragen. Nur so ist das Annehmen und Mit-dem-Schmerz-Sein wirklich authentisch und kann im Maß unserer jeweiligen Fähigkeiten gelingen.

Schwierige Emotionen

Heilung stellt sich dann ein, wenn wir allem Geschehen Raum lassen: Raum für Trauer, Raum für Linderung, Raum für Elend, Raum für Freude.
PEMA CHÖDRÖN

Manchmal werden wir in unserem Leben und in der Meditation von schwierigen Emotionen gequält, die sehr unterschiedlich ausfallen können. Es kann beispielsweise starke Wut auftauchen, quälende Eifersucht oder auch große Trauer. Manchmal waren diese Emotionen schon beim Aufwachen da, manchmal entwickeln sie sich langsam im Laufe der Meditationssitzung, und ein anderes Mal scheinen sie vom Himmel zu fallen und mit einer alles überschwemmenden Plötzlichkeit aus dem Nichts über uns hereinzubrechen. Wir fragen uns dann vielleicht, ob wir irgendetwas falsch gemacht, also nicht *richtig* meditiert haben. Es fühlt sich vielleicht an, als würde uns der Teppich unter den Füßen weggezogen, und wir scheinen in eine bodenlose Tiefe der Emotion zu fallen. Unsere Ruhe und Sicherheit sind dahin, und wir wollen unbedingt wieder Boden unter die Füße kriegen und das Gefühl der Kontrolle über unser Leben wiedererlangen. Also beginnen wir, die quälenden Emotionen weghaben zu wollen, damit wir wieder unsere Ruhe haben, und genau das gibt den Emotionen weiter Futter und lässt sie nur noch stärker werden.

Es geht bei aller Achtsamkeits- und Meditationspraxis nicht darum, uns an einen paradiesischen Ort zu meditieren, an dem auf wundersame Weise alles in Ordnung ist. Diesen Ort gibt es nicht. Der Glaube, dass sich irgendwo in unserem Leben dauerhaftes Glück finden und sich alle Probleme vermeiden ließen, ist ein Irrtum. Dieser Irrtum wird im Buddhismus *Samsara* genannt. Die Jagd nach dauerhaftem Glück ist ein Teufelskreis von Anhaftung und Ablehnung und ist die Ursache aller unserer quälenden Erfahrungen.

Die Achtsamkeit kann uns helfen, mit diesen heftigen Emotionen angemessen umzugehen und sie auf unserem Weg als Weisheitspotenzial zu integrieren und allmählich den Irrtum *Samsara* in unserem Leben aufzulösen. Das Gegenstück zu *Samsara* ist *Nirvana*. *Nirvana* ist kein »Buddha-Himmel« oder ein besonderer Ort, den es zu erreichen gilt, sondern es ist eine Art des Seins. Eine Art des Seins, durch die wir die Dinge sehen, wie sie sind, als auftauchende und vergehende Phänomene. Klar und mit sehr viel Weisheit, ohne an ihnen klebenzubleiben oder etwas anders haben zu wollen.

Emotionen tauchen auf, bleiben eine Weile und vergehen. Wir verfestigen sie, indem wir ihnen zu viel Aufmerksamkeit schenken, uns von ihnen hinreißen lassen, uns mit ihnen identifizieren (*ich* bin wütend!) und damit meistens noch viel größeres Unheil anrichten. Dann werden die Emotionen noch heftiger, und das Feuer kommt so richtig in Gang. So können sogar Kriege entstehen. Darum ist Meditation auch ein kleiner, aber nicht unwesentlicher persönlicher Beitrag zum Weltfrieden, indem wir lernen, mit unseren Emotionen in einer angemessenen Art und Weise zu sein, für sie in einer heilsamen Weise zu sorgen und sie nicht zerstörerisch auszuagieren.

Emotionen gehören zu unserem menschlichen Leben dazu. Es läuft nichts falsch, wenn wir wütend, traurig oder sonst etwas sind. So, wie Gedanken in unserem Geist auftauchen, sind Emotionen nichts anderes als verdichtete Gedanken, also Bewegungen des Geistes, die körperliche Phänomene und Empfindungen hervorrufen. In der gleichen Weise, wie man mit Gedanken oder auch körperlichem Schmerz umgeht, kann man auch mit Emotionen umgehen.

Es ist wichtig, sie nicht zu verleugnen, da wir nur dann für uns sorgen können. Es ist jedoch genauso wichtig, ihnen nicht mehr Aufmerksamkeit zu schenken, als nötig. Beginnen Sie Ihre Emotionen zu erforschen:

- Wenn Emotionen im Geist auftauchen, versuchen Sie die Haltung des vorurteilsfreien Beobachters einzunehmen, der lediglich registriert, was passiert. Was ist es für eine Emotion? Wo in Ihrem Körper können Sie sie wahrnehmen? Bewegt sie sich in Ihrem Körper? Wie reagiert Ihre Muskulatur, was können Sie wahrnehmen? Nehmen Sie achtsam alle aufkommenden Impulse wahr, seien es Gedanken, Bewertungen, Ängste und Handlungswünsche, wie beispielsweise aufstehen, weglaufen oder angreifen zu wollen. Nehmen Sie sie nur wahr, ohne auf sie aktiv zu reagieren. Versuchen Sie, mit den unangenehmen Emotionen zu sein, ohne sie abzulehnen oder gegen sie anzukämpfen. Beobachten Sie, was passiert, wenn Sie nichts tun und sich stattdessen nur Ihrem Atem zuwenden und weiter mit sich und der Emotion sitzen. Erforschen Sie, was geschieht, wenn Sie sich gegen die Emotion stellen, und was geschieht, wenn Sie mit der Emotion in einer akzeptierenden Art und Weise sind. Was macht Emotionen aus, und wie entsteht das Leiden an den Emotionen? Wodurch hört das Leiden auf? Hat das Auswirkungen auf die Art und Weise der Emotion? Was war zuerst da, Gedanken oder die Emotion? Nehmen Sie wahr, wie die Emotion sich verändert, fließt. Verfestigen Sie sie nicht, sondern üben Sie sich in einem permanenten Loslassen und Raumgeben, und kommen Sie beständig immer wieder zurück zum Atem.

● Eine experimentelle Alternative, mit starken Emotionen umzugehen und sich ihrer Vergänglichkeit bewusst zu werden, habe ich in einem meiner ersten Retreats kennengelernt. Die Anweisung hieß: *Mach mal etwas anderes!* Ich saß friedlich auf meinem Kissen, alles war in bester Ordnung. Doch dann dachte ich an eine bestimmte Person und wurde auf einmal so wütend, dass ich vollkommen davon überwältigt wurde. Mir traten die Tränen in die Augen, ich rang nach Luft und hätte umgehend töten können. Ein großer Schwall an Energie durchströmte meinen ganzen Körper und drohte mich wegzuspülen. Erst einmal fühlte ich mich vollkommen hilflos. Ich versuchte, irgendwie bei meinem Atem zu bleiben. Es war sehr schwer. Dann erinnerte ich mich an die Anweisung, mal etwas anderes zu machen, und ich klatschte, einer spontanen Idee folgend, ein paarmal laut in die Hände. Das Energieniveau der Emotion sank unmittelbar, es war körperlich deutlich zu spüren. Kaum nährte ich die Emotion wieder durch die ursprünglichen Gedanken, die mir erneut durch den Kopf gingen, nahm die Wut zu. Ich klatschte in die Hände, der Level sank. Diese Erfahrung wurde mir zu einem Schlüssel für meine weitere Praxis und nahm den Emotionen ihren Schrecken:

– *Mach mal etwas anderes!*
– *Füttere die Emotion nicht mit Gedanken.*
– *Emotionen sind nichts Festes, so massiv sie sich auch anfühlen mögen.*
– *Sie sind vergänglich, ein Spiel des Geistes.*

● Manchmal allerdings ist es uns nicht möglich, mit den starken, uns überwältigenden Emotionen zu sein. Versuchen Sie, sanft mit sich umzugehen und dies liebevoll anzunehmen. Sorgen Sie für sich. Gehen Sie beispielsweise spazieren, schauen Sie in den Himmel oder weinen Sie, wenn Ihnen danach ist. Wenn es später für Sie stimmig erscheint, können Sie sich noch einmal zur Meditation niedersetzen.

Hartnäckige, wiederkehrende Gedanken

Was wir auch tun, manchmal will es uns einfach nicht gelingen, von bestimmten Gedanken Abstand zu gewinnen. Immer wieder tauchen sie in unserem Geist auf und scheinen in ihrer Intensität auch noch zuzunehmen. Meistens sind dies Gedanken, die eine wichtige Rolle für uns spielen. Fälschlicherweise geben wir meistens den Gedanken die Schuld, uns nicht loszulassen. Doch das Gegenteil ist der Fall – wir lassen die Gedanken nicht los. Woher kommt das?
Je entschiedener wir versuchen, gegen sie anzukämpfen, desto mehr verstärken wir sie. Sie bekommen neue Energie. Je mehr wir etwas nicht wollen, umso intensiver konzentriert sich unsere Wahrnehmung auf diese Dinge, und sie manifestieren sich nur noch stärker. Ohne dass wir es wirklich wollen, kleben wir an den Gedanken fest, sind immer angespannter, was die Aktivität unserer Gedanken wiederum noch weiter anstachelt. Die Schlinge um unseren Hals zieht sich immer fester zu, obwohl wir genau das vermeiden wollten. Es ist eine alte Gewohnheit von uns, die wir jahre- oder sogar jahrzehntelang trainiert haben. In jeder erdenklichen Situation spielen wir mit Gedanken und üben so das Festhalten an ihnen und das Grübeln. Zum Glück ist dies ein sehr bekanntes Thema unter Meditierenden,

und im Laufe der Zeit wurden zahlreiche Techniken entwickelt, die uns in genau solchen Situationen helfen können, unsere Konzentration, unsere Achtsamkeit wieder herzustellen und das Loslösen von Gedanken unterstützen. Diese Techniken sind als Krücken zu verstehen. Sie erleichtern uns den Weg, solange wir sie brauchen, doch danach sollten wir sie wieder beiseitelegen:

Das Zählen

Lenken Sie Ihre Aufmerksamkeit ganz bewusst von den Gedanken weg auf das Zählen der Atemzüge. Sie schaffen so eine aktive Loslösung. Beginnen Sie, Ihre Atemzüge zu zählen. Zählen Sie ganz bewusst fünf Atemzüge, und beginnen Sie dann wieder von Neuem. Sollten Sie bemerken, dass Sie bereits weitergezählt haben als fünf oder Ihre Aufmerksamkeit sich schon wieder auf andere Dinge gerichtet hat, bringen Sie sich bewusst zurück zum Zählen Ihres Atems, und beginnen Sie wieder bei der Zahl Eins. Auch hier gibt es verschiedene Möglichkeiten. Einatmend sagen Sie innerlich »eins«, ausatmend sagen Sie innerlich »eins«. Einatmend sagen Sie innerlich »zwei«, ausatmend sagen Sie innerlich »zwei« und so weiter. Sie können auch nur den Einatem oder nur den Ausatem zählen. Wichtig ist nur, dass Sie merken, wenn Sie abschweifen, und dann zum Zählen Ihres Atems wieder zurückkehren, beginnend bei eins. Wenn Sie merken, dass Sie die Konzentration wiedererlangt haben, können Sie mit dem Zählen aufhören und Ihre Aufmerksamkeit schlicht auf Ihrem Atem ruhen lassen.

Das Benennen

Eine weitere Möglichkeit ist, den Einatem und den Ausatem zu benennen. Sie atmen ein und sagen innerlich »Einatem«. Sie atmen aus und sagen innerlich »Ausatem«. So bringen Sie Ihre Aufmerksamkeit klarer wieder zu Ihrer Atmung zurück. Sobald Sie merken, dass Ihre Aufmerksamkeit stabil geworden ist, hören Sie damit auf, und lassen Sie die Aufmerksamkeit wieder auf Ihrem Atem ruhen.

Bewusst tiefes Atmen

Tiefe, bewusste Atemzüge können uns wieder in Kontakt mit dem jeweiligen Moment und mit unserer Atmung bringen. Ziehen Sie für ein paar Atemzüge die Luft tief und schnell in Ihre Lungen ein, und stoßen Sie sie genauso wieder aus. Die Atemwahrnehmung verstärkt sich dadurch, da das Gefühl durch die schnell einfließende Luft intensiviert wird. Konzentrieren Sie sich auf die Wahrnehmung, und Ihre Aufmerksamkeit wird sich ganz natürlich wieder bei Ihrer Atmung einfinden. Fahren Sie dann mit Ihrer Meditation fort. Dies hilft übrigens auch bei Schläfrigkeit.

Ehrgeiz/das Gefühl, sich festgefahren zu haben

Denke nicht, tue nichts, meditiere nicht, bleibe einfach unabgelenkt. Ich bitte dich – meditiere natürlich und gelöst!

GENDÜN RINPOCHE

Von Kindesbeinen an wurde vielen von uns eingebleut, doch nicht einfach nur so rumzusitzen und nichts zu tun. Stattdessen sollten wir die Zeit gut nutzen und etwas Sinnvolles tun. Diese Prägung tragen wir auch in die Meditation hinein und laufen damit Gefahr, dass unsere Meditation vollkommen verkrampft wird, besessen von dem Gedanken, es gut machen zu wollen und die Zeit, die wir uns genommen haben, wirklich zu nutzen. Statt Klarheit und Offenheit entstehen so Enge und Frust. Der Geist wehrt sich mit Müdigkeit, dauerndem Abschweifen, ja sogar mit Emotionen wie Wut und Verzweiflung. Wenn Sie merken, dass Sie an die Meditation genauso herangehen wie an ein Projekt, mit dem Ehrgeiz Ihren umherspringenden Geist besiegen und möglichst schnell (Zack, Zack!) Ergebnisse haben zu wollen, dann könnte folgende Empfehlung für Sie – so absurd Sie Ihnen erscheinen mag – hilfreich sein:
Geben Sie sich die Erlaubnis des Nichtstuns und auch der Nicht-Meditation. Meditieren Sie nicht, seien Sie einfach. Sitzen Sie einfach da, und schauen Sie zum Fenster hinaus. Geben Sie sich selbst Raum, nehmen Sie Kontakt auf zu dem Moment. Hüten Sie sich davor, den Raum zum Nachdenken oder Träumen zu nutzen. Sitzen Sie, atmen Sie und nehmen Sie ganz bewusst wahr, was gerade in diesem Moment gegenwärtig ist: Geräusche, Gerüche, Körperempfindungen. Entspannen Sie sich, es gibt in diesem Moment nichts zu tun oder zu erreichen. Sie dür-

fen einfach so sein, wie Sie sind, in Ihrer ganzen Präsenz. Verweilen Sie in Gegenwärtigkeit. Wenn Sie merken, dass Sie nachdenken oder träumen, holen Sie sich wieder zurück in die Gegenwärtigkeit, bleiben Sie einfach präsent.

Ein ganzes Retreat lang übte ich Nicht-Meditation. Indem ich einfach auf meinem Bett saß und nichts tat. Ich meditierte nicht, aber ich achtete darauf, den Raum nicht zum Nachdenken zu nutzen, denn das wäre ja wieder Produktivität gewesen. So saß ich da, hörte, wie der Wind gegen das Fenster blies und der Regen an die Fensterscheibe prasselte, fühlte die Wärme der Teetasse in meiner Hand und sah das Zimmer, in dem ich saß, vollkommen bewusst, wach, ohne etwas zu tun. Immer wenn ich merkte, dass mein Geist sich mit etwas beschäftigen wollte wie Nachdenken oder Träumen, brachte ich mich wieder in dieses Zimmer zurück, hörte den Regen, den Wind, spürte die Wärme des Tees.

Indem wir präsent sind und im Augenblick bleiben und dem Drang widerstehen, uns den Gedankenschleifen hinzugeben, bekommt der Geist Raum, sich aus der Enge der Ansprüche und Gedanken zu befreien und gelangt in einen natürlichen Seinszustand zurück, der frei und fließend ist, einhergehend mit Gefühlen von stiller Freude, Kreativität und Gleichmut. Wenn wir aufhören, meditieren zu wollen, dann kann wirkliche Meditation entstehen.

Übungen

In diesem Kapitel möchte ich Ihnen eine Reihe von Achtsamkeitsübungen vorstellen, die es Ihnen ermöglichen, die Achtsamkeit während alltäglicher Aktivitäten aufrechtzuerhalten und sich immer wieder kleine Inseln der Ruhe zu schaffen, um aus dem Tun-Modus in den Sein-Modus umzuschalten.

Körperübungen

Diese Übungen können Ihr Gespür für Ihren Körper, seine Empfindungen und sein Gleichgewicht stärken und Ihre Achtsamkeitspraxis vertiefen, beleben und bereichern. Sie können einzelne Übungen praktizieren oder auch alle. Experimentieren Sie am Anfang einfach, und es wird sich mit der Zeit herausstellen, welche der vorgeschlagenen Übungen für Sie praktikabel und heilsam sind. Als Anregung und Unterstützung für Ihre Übungspraxis finden Sie am Ende dieses Buches weiterführende Literaturempfehlungen; darunter sind Bücher, in denen Sie eine Fülle von Übungen finden, die sich gut als Ergänzung Ihrer Achtsamkeits- und Meditationspraxis nutzen lassen.

Die Gehmeditation

Eine Alternative zur klassischen Meditation im Sitzen ist die Gehmeditation. Sie ist relativ leicht auszuführen und kann im täglichen Leben als meditative Geh-Einheit oder aber auch zur Auflockerung zwischen längeren Sitzmeditations-Perioden eingesetzt werden.

Sie können die Gehmeditation überall durchführen, wo Sie sich gerade befinden und etwas Platz haben. Wenn Sie wenig Platz haben, gehen Sie einfach auf und ab. Verschränken Sie hierzu Ihre Hände entweder auf dem Rücken oder auf dem Bauch, so dass die Hände zur Ruhe kommen und Sie nicht stören. Richten Sie Ihren Blick auf den Boden, ohne etwas Spezielles zu betrachten. Mit dem nächsten Einatmen heben Sie den rechten Fuß an, und mit der nächsten Ausatmung setzen Sie den Fuß vor sich wieder auf und rollen ihn ausatmend ab. Nun einatmend den linken Fuß heben und ausatmend aufsetzen und abrollen. Und so weiter. Bitte gehen Sie nicht wie ein »Storch im Salat«. Gehen Sie so natürlich wie möglich, allerdings mit verlangsamter Gehgeschwindigkeit und im Rhythmus Ihres Atems. Achten Sie während des Gehens auf die Empfindungen Ihrer Füße, auf Ihre Muskeln, Ihren Körper. Welche Muskeln werden für diese Abläufe gebraucht, wie hält der Körper das Gleichgewicht, wie fließt der Atem? Nehmen Sie den Boden unter sich wahr. Fühlt er sich warm oder kalt, weich oder hart an? Was können Sie hören? Vielleicht spüren Sie auch den Wind auf Ihrer Haut oder die Sonne, wenn Sie draußen gehen. Bemerken Sie, wenn Sie mit Ihren Gedanken abschweifen, und bringen Sie sich zurück in die Präsenz des Augenblicks, zurück zum Spüren Ihrer Füße, zurück zum Atmen. Bemerken Sie auch die Qualität Ihrer Emotionen, vielleicht werden Sie ungeduldig, wollen schneller gehen, langweilen sich oder werden wütend. Vielleicht fühlen Sie sich aber auch müde, verlangsamt, träge, ruhig oder ausgeglichen. Nehmen Sie Ihre Bewertungen wahr, Unterscheidungen von Gut oder Schlecht, Richtig oder Falsch. Registrieren Sie einfach, was gerade präsent ist, ohne etwas daran zu verändern. Atmen Sie, gehen Sie, versuchen Sie, alles wahrzunehmen, was in diesem Moment gegenwärtig ist, ohne jedoch aktiv darauf zu reagieren. Das ist die ganze Übung. Wenn Sie die Übung beenden möchten, können Sie für einen Moment stehen bleiben, die Augen schließen, ganz bewusst stehen, wahrnehmen, was da ist, atmen und dann mit einem tiefen Ein- und Ausatmen die Übung beenden. Wenn Sie Gehmeditation als »Pause« von der Sitzmeditation praktizieren, verzichten Sie auf diesen Stehmoment und gehen einfach so lange, bis Sie bei Ihrem Sitzplatz wieder angelangt sind, setzen sich mit Achtsamkeit für alle Ihre Bewegungen hin und fahren mit der Sitzmeditation fort.

Die Körpermeditation

Diese Übung ist eine Form der Meditation, die im Liegen sowie im Sitzen durchgeführt werden kann und insbesondere den körperlichen Aspekt der Achtsamkeit betont. Bekannt wurde diese Form des Übens der Körperachtsamkeit durch den Vipassana-Lehrer und Meditationsmeister S. N. Goenka, der die Praxis des sogenannten Body-Sweepings lehrt. Jon Kabat-Zinn integrierte diese wirkungsvolle Übung in das von ihm entwickelte achtsamkeitsbasierte Stressbewältigungsprogramm MBSR und nannte es Body-Scan, da der Körper systematisch durchwandert wird. Als MBSR-Lehrerin ist mir der Begriff des Body-Scans am geläufigsten, darum werde ich ihn beibehalten.

Durch diese Form der Meditation wird die Körperwahrnehmung geschult und das nicht-manipulierende und wertneutrale Beobachten der Phänomene geübt. Dabei lässt man die Aufmerksamkeit langsam, wie bei einer Bestandsaufnahme, Körperteil für Körperteil, beginnend bei den Füßen aufwärts bis zum Kopf wandern und achtet vollkommen wertneutral auf die jeweiligen Empfindungen der Körperteile, der Haut, der Muskulatur, der Knochen und Gelenke. Bei der Durchführung ist es wichtig, nur beim Spüren zu bleiben und die Achtsamkeit Moment für Moment aufrechtzuerhalten und sich nicht in geistigen Vorstellungen über die Körperteile zu verlieren. Sonst wird diese Übung schnell zu einem Spiel des Geistes und eine Reise der Gedanken durch einen Anatomie-Atlas.

Damit Sie zu Hause diese Übung ausprobieren und üben können, finden Sie auf der beiliegenden CD einen angeleiteten Body-Scan. Mit der Zeit und regelmäßiger Übung verfeinert sich Ihre Körperwahrnehmung, und es wird Ihnen dann möglich sein, auch einen schnellen Body-Scan von wenigen Minuten durchzuführen, um sich mit Ihren Körperempfindungen im jeweiligen Moment zu verbinden. Es kann sein, dass Sie während des Übens müde werden, da der Organismus es noch nicht gewohnt ist, dass es auch eine entspannte Wachheit gibt. Vielleicht sind Sie aber auch einfach sehr erschöpft, und der Körper nutzt diese Ruhephase, um sich mit Schlaf zu versorgen. Manchmal jedoch ist Einschlafen auch eine Form des Widerstandes, des Zumachens und Vermeidens. Beobachten Sie sich einfach, ohne ein Drama aus den Vorgängen zu machen oder gar zu verzweifeln. Wenn Sie Schläfrigkeit bemerken, üben Sie einfach weiter. Diese Phänomene vergehen meistens mit zunehmender Übung. Versuchen Sie, wach zu bleiben, indem Sie sich sofort, wenn Sie bemerken, dass Sie einzuschlafen drohen oder in Gedankenketten abdriften, mit liebevoller Disziplin wieder zurück zum Spüren der Empfindungen des aktuellen Körperteils bringen. Es kann Ihnen auch helfen, die Augen zu öffnen oder statt im Liegen den Body-Scan im Sitzen auf einem Stuhl oder Sessel durchzuführen. Üben Sie grundsätzlich nicht im Bett. Das Bett ist zum Schlafen da und sollte es bleiben. Mit dem Body-Scan üben Sie sich in entspannter Wachheit und Aufmerksamkeit, und im Bett zu üben könnte sich unter Umständen kontraproduktiv auf Ihren Schlaf auswirken. Suchen Sie sich stattdessen einen anderen gemütlichen und störungsfreien Platz, und machen Sie es sich auf einer Matte oder Decke auf dem Rücken liegend bequem. Wenn Sie zu Rückenschmerzen neigen, lagern Sie Ihre Beine etwas erhöht, so wird Ihr Rücken entlastet. Sie dürfen es sich selbstverständlich so bequem wie möglich machen. Üben Sie ruhig auch mal an wechselnden Orten, wie zum Beispiel in der Badewanne oder sitzend in der U-Bahn. So integrieren Sie die Übung ganz automatisch in Ihre täglichen Abläufe.

Die folgende Anleitung des Body-Scans ist so auch auf der beiliegenden CD zu hören:

Suchen Sie sich einen Ort, an dem Sie nicht gestört werden, und machen Sie es sich so bequem wie möglich. Eine Decke und ein Kissen für den Kopf schaffen Behaglichkeit. Sie können diese Übung im Liegen, aber auch im Sitzen ausführen, je nachdem, was Ihnen angenehmer oder praktikabler erscheint.

Schließen Sie die Augen. Nehmen Sie den Boden unter sich wahr. Nehmen Sie ganz bewusst wahr, wie Sie liegen oder sitzen. Lassen Sie nun Ihre Aufmerksamkeit auf Ihrem Atem ruhen. Spüren Sie, wie Ihr Atem ein- und ausströmt, wie er sanft die Bauchdecke hebt und sanft die Bauchdecke wieder absenkt. Folgen Sie für einige Augenblicke Ihren Atembewegungen. Wenn Sie bemerken, dass Sie mit den Gedanken abschweifen, bringen Sie sich liebevoll, aber entschieden wieder zurück zum Spüren Ihres Atems.

Wandern Sie nun mit Ihrer Aufmerksamkeit zu Ihrem linken Fuß. Was können Sie jetzt, in diesem Moment an Ihrem Fuß wahrnehmen? Vielleicht ein leichtes Kribbeln an den Zehen, Wärme, Kälte. Vielleicht können Sie auch, je nachdem wie Sie liegen oder sitzen, die Berührung des Bodens unter Ihrem Fuß wahrnehmen, ein leichter Gegendruck, die Schwere der Ferse.

Was auch immer es ist, erlauben Sie sich, dass alles sein darf, wie es ist, ohne es zu bewerten oder gar abzulehnen. Auch wenn Sie nichts spüren, ist das völlig in Ordnung. Wir können nicht immer überall etwas spüren, es läuft nichts falsch.

Gehen Sie dann weiter mit Ihrer Aufmerksamkeit zu Ihrem linken Unterschenkel. Was können Sie in diesem Moment an Ihrem Unterschenkel wahrnehmen? Vielleicht die Berührung des Stoffs Ihrer Hose oder Ihres Rocks, die Berührung des Bodens. Vielleicht Wärme oder Kühle. Was auch immer es ist, nehmen Sie es wahr.

Gehen Sie dann weiter zu Ihrem Knie. Wie geht es Ihrem Knie jetzt gerade, in diesem Moment? Schmerzt es? Oder geht es ihm recht gut? Welche Empfindungen können Sie sonst noch an oder in Ihrem Knie wahrnehmen? Vielleicht können Sie gar nichts Bestimmtes wahrnehmen. Auch das ist in Ordnung.

Gehen Sie weiter zu Ihrem linken Oberschenkel. Was können Sie jetzt, in diesem Moment an Ihrem Oberschenkel wahrnehmen? Vielleicht eine leichte Spannung der Muskulatur. Vielleicht haben Sie auch Muskelkater vom Sport. Vielleicht ist da aber auch Lockerheit, Entspanntheit oder auch gar nichts Bestimmtes. Erlauben Sie sich – egal was es ist –, es einfach nur wahrzunehmen.

Gehen Sie dann weiter zu Ihrer Hüfte. Wie geht es Ihrer Hüfte jetzt gerade, in diesem Moment? Was nehmen Sie wahr? Was spüren Sie?

Wandern Sie nun von der linken Hüfte zu Ihrer rechten Hüfte und gleiten Sie mit Ihrer Aufmerksamkeit Ihr rechtes Bein hinab bis zu Ihrem rechten Fuß.

Was können Sie jetzt, in diesem Moment an Ihrem rechten Fuß wahrnehmen? An den Zehen, dem Fußrücken, der Fußsohle, der Ferse. Alles darf sein, wie es ist. Bewerten Sie nichts, lehnen Sie nichts ab.

Gehen Sie weiter zu Ihrem Unterschenkel. Was können Sie hier wahrnehmen jetzt, in diesem Moment?
Gehen Sie dann weiter zu Ihrem Knie. Was nehmen Sie wahr?
Gehen Sie weiter zu Ihrem Oberschenkel. Was nehmen Sie jetzt, in diesem Moment an Ihrem Oberschenkel wahr? Empfindungen der Haut, der Muskulatur und des Knochens.
Gehen Sie dann weiter zu Ihrer Hüfte. Was nehmen Sie in Ihrem Hüftgelenk wahr. Was spüren Sie jetzt, in diesem Moment?
Gehen Sie mit Ihrer Aufmerksamkeit weiter zu Ihrem Gesäß. Was können Sie jetzt gerade an Ihrem Gesäß empfinden, wahrnehmen. Was taucht auf? Ist die Muskulatur locker oder angespannt? Vielleicht können Sie auch den Untergrund wahrnehmen, spüren – wenn Sie sitzen, vielleicht den Stuhl, wenn Sie liegen, die Matte. Spüren Sie die Festigkeit oder die Weichheit des Materials.
Gehen Sie mit Ihrer Aufmerksamkeit weiter zu Ihrem Lendenwirbelbereich. Was können Sie hier jetzt gerade, in diesem Moment wahrnehmen? Vielleicht haben Sie in diesem Bereich im Augenblick Schmerzen. Oder vielleicht war gestern dort Schmerz, und Sie können bemerken, dass heute kein Schmerz da ist. Bemerken Sie es, nehmen Sie es wahr, wahrnehmen was ist, jetzt gerade, in diesem Moment. Vielleicht tauchen auch Gedanken auf, nehmen Sie auch die Gedanken zur Kenntnis – ohne bewerten – nur wahrnehmen.
Gehen Sie weiter mit Ihrer Aufmerksamkeit zu Ihrem oberen Rücken. Was können Sie dort wahrnehmen? Wie geht es Ihrem Rücken im Augenblick? Vielleicht spüren Sie Spannung oder auch Entspannung. Was auch immer es ist, nehmen Sie es wahr – ohne bewerten – einfach nur wahrnehmen. Alles darf sein, wie es ist.
Wandern Sie dann an den Rippenbögen entlang nach vorne, und erlauben Sie sich eine Bestandsaufnahme Ihres Brustkorbs.

Was können Sie wahrnehmen? Vielleicht spüren Sie, wie der Brustkorb sich mit der Einatmung ausdehnt und wie er sich mit der Ausatmung wieder zusammenzieht. Fühlen Sie sich einge-engt, oder fühlen Sie sich frei und gelöst?

Gehen Sie mit Ihrer Aufmerksamkeit nun etwas tiefer zu Ihrem Bauchraum. Was können Sie jetzt gerade in Ihrem Bauchraum bemerken, wahrnehmen, empfinden? Vielleicht können Sie ge-rade Ihre Darmtätigkeit spüren. Wie geht es Ihrem Magen? Ver-spüren Sie Hunger, oder nehmen Sie ein Gefühl der Sättigung wahr? Spüren Sie Anspannung oder Entspannung? Schmerzen oder die Abwesenheit von Schmerz? Alles darf sein, wie es ist, nehmen Sie alles aus der Position eines wertneutralen Beob-achters, einer objektiven Beobachterin wahr.

Gehen Sie nun mit Ihrer Aufmerksamkeit zu Ihrem linken Arm, den Arm hinab zu Ihrer linken Hand. Wie geht es Ihrer Hand gerade? Was können Sie wahrnehmen? Vielleicht ist Ihre Hand kalt oder auch warm. Vielleicht spüren Sie ein Kribbeln in den Fingern. Können Sie wahrnehmen, wo und wie Ihre Hand auf-liegt – die Berührung der Hand mit dem Stuhl oder der Decke. Was immer es ist – bemerken Sie es, ohne es zu bewerten.

Gehen Sie dann mit Ihrer Aufmerksamkeit weiter in Ihren Arm. Was können Sie an Ihrem Arm gerade jetzt wahrnehmen? Ist es vielleicht ein Gefühl von Schwere oder Leichtigkeit? Viel-leicht spüren Sie auch die Berührungen Ihres Pullovers, des Stoffs auf Ihrer Haut. Nehmen Sie wahr, was ist, ohne Bewer-tung.

Gehen Sie dann weiter zu Ihrer linken Schulter. Wie geht es gerade Ihrer Schulter? Ist sie angespannt, verspannt sogar, schmerzt sie? Oder ist sie locker und gelöst, warm oder kühl? Betrachten Sie, was ist, ohne zu bewerten.

Gehen Sie nun mit Ihrer Aufmerksamkeit zu Ihrem rechten Arm, den Arm hinab zu Ihrer rechten Hand. Wie geht es Ihrer Hand gerade? Was können Sie wahrnehmen? Wärme oder Kälte, ein Kribbeln, die Berührung mit dem Untergrund?

Was können Sie in Ihrem Arm wahrnehmen? Schwere oder Leichtigkeit, Empfindungen Ihrer Haut? Nehmen Sie wahr, was ist, ohne Bewertung.

Gehen Sie dann weiter zu Ihrer rechten Schulter. Wie geht es gerade Ihrer Schulter? Ist sie angespannt, verspannt sogar, schmerzt sie? Oder ist sie locker und gelöst, warm oder kühl? Betrachten Sie, was ist, ohne zu bewerten.

Gehen Sie mit Ihrer Aufmerksamkeit weiter zu Ihrem Hals. Was können Sie an Ihrem Hals feststellen, was können Sie spüren, was empfinden Sie? Ist Ihr Hals locker oder angespannt, spüren Sie Wärme oder Kälte, Schmerzen oder die Abwesenheit von Schmerz? Was immer es ist, nehmen Sie es wahr.

Gehen Sie dann weiter zu Ihrem Gesicht. Wie geht es Ihrem Gesicht gerade? Was können Sie wahrnehmen? Ist Ihre Mimik vielleicht angespannt, fühlt sich hart an? Oder ist sie locker und gelöst, weich? Was können Sie in der Kiefermuskulatur wahrnehmen? Spannung oder Entspannung? Was nehmen Sie an Ihren Augen wahr? Was an Ihrer Stirn?

Wandern Sie dann weiter zu Ihrer Kopfhaut. Vielleicht können Sie hier ein Prickeln oder Kribbeln wahrnehmen.

Dehnen Sie nun Ihre Aufmerksamkeit auf Ihren gesamten Kopf-raum aus und erlauben Sie sich, Ihren Kopf als Ganzes wahrzu-nehmen und alle damit auftauchenden Empfindungen. Wie geht es Ihrem Kopf? Vielleicht spüren Sie einen unbestimmten Druck, haben vielleicht gar Kopfschmerzen, oder Ihr Kopf fühlt sich gerade licht und klar an, oder Sie empfinden gar nichts Bestimmtes. Was auch immer es ist, nehmen Sie es wahr, ohne es zu bewerten oder anders haben zu wollen.

Dehnen Sie nun Ihre Aufmerksamkeit auf Ihren gesamten Kör-per aus. Wie fühlen Sie sich in Ihrem Körper? Was können Sie

wahrnehmen? Wie geht es Ihnen gerade jetzt? Nehmen Sie
wahr, was ist, ohne es zu bewerten, ohne es abzulehnen.
Richten Sie nun die Aufmerksamkeit wieder zurück auf Ihren
Atem. Spüren Sie, wie der Atem in Sie einströmt, lassen Sie ihn
durch Ihren gesamten Körper hindurchfließen und zirkulieren,
bis Ihr Atem wieder durch die Nase hinausströmt. Ihr Körper
wird so mit frischem Sauerstoff versorgt und regeneriert, jede
Zelle wird wieder frisch und klar.
Atmen Sie so für einen Moment, und genießen Sie den Fluss
Ihres Atems durch Ihren gesamten Körper.
Beenden Sie nun Ihre Übung, atmen Sie noch einmal tief ein
und aus, strecken und recken Sie sich oder machen Sie andere
ruhige Bewegungen, die Ihnen guttun. Kehren Sie mit Ihrer
Aufmerksamkeit zurück in den Raum, in dem Sie sich befinden,
nehmen Sie die Geräusche, die an Ihr Ohr dringen, wahr, schla-
gen Sie die Augen auf und halten Sie die Achtsamkeit bei Ihren
weiteren Aktivitäten aufrecht.

Qi Gong

Eine wunderbare Möglichkeit, Achtsamkeit in der Bewegung zu üben, bietet das Qi Gong. Es sind Übungen, die stehend und sehr langsam ausgeführt und mit dem Atem verbunden werden. Sie bewirken eine Erfrischung und Belebung des gesamten Organismus, stärken das Wohlgefühl und die Konzentration, schaffen ein Bewusstsein für und guten Kontakt zum Atem. Auch hier ist es wichtig, die Achtsamkeit während der Übungen konstant aufrechtzuhalten, wahrzunehmen, wann immer man mit seiner Aufmerksamkeit abschweift, und dann zur Bewegung und zum Atem zurückkehrt. Die Achtsamkeit lässt sich durch die Verbindung von Atem und Körperübung leichter halten, und dies kann auch als gute Vorbereitung zur Sitzmeditation dienen.

Eine einfache Übung möchte ich Ihnen hier vorstellen:

Dazu nehmen Sie bitte einen festen Stand ein. Stellen Sie sich ungefähr hüftbreit fest auf beide Füße. Das Gewicht ist gleichmäßig über beide Fußsohlen verteilt. Beugen Sie die Knie minimal, so dass Sie nicht mit vollkommen gestreckten Beinen stehen und Ihr Stand weich wird. Die Hüfte senkt sich auf diese Weise etwas nach hinten unten. Dies ist der Qi-Gong-Stand. Lassen Sie Ihre Arme neben Ihrem Körper hängen; wenn Sie mögen, schließen Sie die Augen. Mit der nächsten Einatmung heben Sie Ihre Arme an, heben Sie sie über die Seiten bis über Ihren Kopf. Wenn Sie mit den Händen über Ihrem Kopf angelangt sind, ist Ihre Lunge vollständig mit Atemluft gefüllt. Führen Sie nun die Fingerspitzen zueinander, die Handflächen zeigen nach unten. Lassen Sie die Hände beim Ausatmen langsam vor sich nach unten sinken, bis Sie ungefähr auf Hüfthöhe angelangt sind. Jetzt ist Ihre Lunge vollständig leer. Lösen Sie die Fingerspitzen voneinander und heben Sie Ihre Arme wieder einatmend über die Seiten bis über Ihren Kopf an, Fingerspitzen wieder zueinanderdrehen, Handflächen nach unten zeigen lassen, ausatmend die Hände vor sich wieder sinken lassen. Führen Sie die Übung ganz langsam, ohne Pause und ohne den Atem jemals anzuhalten, aus. Diese Übung entfaltet ihre Wirkung mit der Häufigkeit der Wiederholungen. Üben Sie langsam. Wenn Sie bemerken, dass Sie mit Ihrer Aufmerksamkeit abschweifen, bringen Sie sich wieder zurück zum Spüren des Atems und zum Wahrnehmen der Bewegung. Sollte Ihnen schwindelig werden, machen Sie eine kleine Pause und atmen Sie langsamer.

Wenn Sie die Übung beenden möchten, lassen Sie die Arme sinken und zur Ruhe kommen. Spüren Sie der Übung nach, indem Sie ganz bewusst auf Ihren Atem achten. Lassen Sie ihn fließen, wie er gerade kommen und gehen mag. Wie fließt Ihr Atem jetzt – schnell oder langsam, tief oder flach? Was können Sie in Ihren Händen wahrnehmen – vielleicht Wärme oder Kälte, ein Prickeln? Geben Sie sich Zeit zum Spüren. Wie nehmen Sie Ihre Beine wahr? Den Rest Ihres Körpers? Wie ist die Aktivität Ihres Geistes? Die Qualität oder die Quantität Ihrer Gedanken?

Dann machen Sie bewusst einen tiefen Atemzug, recken und strecken Sie sich, schlagen Sie die Augen auf und beenden Sie die Übung.

Yoga

Eine gute Möglichkeit ist auch langsam und achtsam ausgeführtes Yoga. Dabei geht es weniger um die exakte Ausführung der Übungen, Geschmeidigkeit oder körperliche Ertüchtigung, sondern vielmehr um das Wahrnehmen der eigenen Ansprüche, Bewertungen und Grenzen. Die Erkenntnisse, die durch die Yoga-Übung entstehen, können uns guten Aufschluss über unsere persönlichen Muster geben. Wie rede ich mit mir selbst, liebevoll oder eher wie ein Feldwebel? Wie setze ich mich selbst unter Druck, zum Beispiel durch Perfektionismus oder Ehrgeiz? Was bedeuten Grenzen für mich, was macht eine Grenze aus und wie gehe ich mit meinen Grenzen um? Diese Fragen können wir zum Thema der Übungen machen, und sie helfen uns, allmählich liebevolle Güte, das Wahrnehmen und Einhalten heilsamer Grenzen und Selbsterkenntnis zu entwickeln. Für die

Praxis des achtsamen Yoga können wir eine ganze Übungsreihe oder auch eine einzelne Übung verwenden.

Eine Übung – den *Baum* – möchte ich Ihnen hier vorstellen:

Stellen Sie sich gerade hin, die Füße sind fest auf dem Boden, die Knie sind leicht angebeugt. Fixieren Sie mit Ihren Augen vor sich einen Punkt, der sich nicht bewegt. Der Atem fließt. Verlagern Sie Ihr Gewicht auf den linken Fuß, und stellen Sie die Zehen Ihres rechten Fußes auf. Ziehen Sie dann den rechten Fuß zur Fessel Ihres linken Fußes. Falten Sie die Hände vor der Brust, Handfläche an Handfläche, die Fingerspitzen zeigen nach oben. Ziehen Sie nun den rechten Fuß zum linken Knie hoch und legen Sie ihn dort ab. Führen Sie Ihre Hände über den Kopf, und öffnen Sie sie auf Schulterbreite. Stehen Sie so für einige Atemzüge. Nehmen Sie wahr, wie Sie atmen. Ruhig oder gepresst? Wie ist die Aktivität Ihrer Gedanken? Wie reden Sie mit sich selbst? Setzen Sie sich innerlich unter Leistungsdruck, oder sind Sie ganz gelöst? Geraten Sie in Ärger, oder freuen Sie sich? Wenn Sie die Übung beenden möchten, führen Sie die Hände wieder zusammen, und senken Sie sie vor die Brust. Lassen Sie Ihren Fuß ausgleiten, und stellen Sie ihn wieder fest auf den Boden, lassen Sie die Hände zur Seite sinken, stehen Sie in dieser Haltung für einen Moment und spüren Sie der Übung noch etwas nach. Dann üben Sie auch die andere Seite nach dem gleichen Muster.

Schließen Sie die Übung mit einem kurzen Moment des Sitzens in Stille ab.

Vielleicht kennen Sie noch andere Yoga-Übungen oder auch Übungen aus der Gymnastik oder dem Stretching. Stellen Sie sich ein kleines Programm zusammen, und führen Sie diese Übungen ganz langsam, mit viel Zeit zum Nachspüren durch.

Bleiben Sie in Kontakt mit Ihrer Atmung, mit Ihrer Gedanken-aktivität. Nehmen Sie Ihre persönlichen Grenzen wahr. Was macht diese Grenzen aus? Sind es gedankliche Grenzen, oder sind sie körperlich bedingt? Haben Sie Angst vor Schmerz und hören vielleicht lieber früher auf? Oder überspannen Sie die Grenze, ignorieren Sie den Schmerz? Wie reden Sie mit sich selbst, liebevoll oder wie ein Feldwebel? Können Sie Ehrgeiz an sich entdecken, Enttäuschung, Ärger? Wenn Schmerzen auftauchen, wie gehen Sie damit um? Mit Hilfe dieser und ähnlicher Fragen können Sie sich selbst und Ihren persönlichen Umgang mit sich und Ihren Grenzen erforschen und sich darin üben, achtsamer mit Ihren Grenzen und sich umzugehen und eine liebevolle und wertschätzende Art des inneren Dialoges kultivieren.

Mini-Praxis –
Achtsamkeit für zwischendurch

Die 5-Minuten-Meditation

Eine Übung, die Sie nahezu überall machen können, ob im Büro, im Bus, an der Haltestelle ist die Kurzform der Atemmeditation:

Setzen Sie sich aufrecht hin. Achten Sie darauf, dass Ihr Rücken gerade aufgerichtet, der Nacken lang und das Kinn etwas nach unten geneigt ist. Sie können die Augen schließen oder geöffnet lassen. Nehmen Sie Kontakt zu Ihrem Atem auf. Wo spüren Sie Ihren Atem gerade? An der Nasenspitze, wo sich vielleicht ein zarter Lufthauch bemerkbar macht? Oder vielleicht in der Kehle oder im Brustraum oder im Bauch? Suchen Sie sich eine Stelle aus, und verankern Sie dort Ihre Aufmerksamkeit. Fahren Sie fort, Ihren Atem an dieser Stelle zu spüren. Sie brauchen sonst nichts zu tun, dürfen sich entspannen und einfach Ihren Atem genießen. Vielleicht merken Sie irgendwann, dass Sie mit Ihrer Aufmerksamkeit abschweifen, vielleicht einen Einkaufszettel schreiben oder anfangen, über irgendwas nachzudenken. Unterbrechen Sie den Denkvorgang,

*und bringen Sie sich sanft, aber bestimmt wieder zurück zu
Ihrem Atem-Ankerpunkt. Fahren Sie fort, Ihren Atem zu genießen. Bemerken Sie, wenn Sie abschweifen, und bringen Sie sich
wieder zurück. Immer und immer wieder. Das ist die ganze
Übung.*

Wenn Sie das jeden Tag üben, wird sich Ihre Aufmerksamkeit
verbessern, Sie werden schneller aus Gedankenketten und auch
schwierigen Situationen aussteigen können, weil Sie schneller
merken, was geschieht, und das Aussteigen durch die Meditation trainiert haben. Sie werden bewusster und achtsamer werden und immer wieder die Möglichkeit nutzen, kurz aus dem
Geschehen auszusteigen, Pause zu machen und dann wieder
frisch und für Sie stimmiger weiterzumachen.

Der Atemraum

Eine weitere Möglichkeit aus der hektischen Betriebsamkeit unseres Alltags auszusteigen und in den gegenwärtigen Augenblick, ins Jetzt zurückzukommen, ist die Übung des Atem-
raums – eine sehr praktikable, alltagstaugliche und schnell
durchführbare Methode. Sie brauchen dafür nicht mehr als ein
bis drei Minuten. Der Atemraum ist sozusagen eine Mini-Mini-
Meditation. Sie können diese Übung überall praktizieren, im
Stehen, im Sitzen, im Liegen, überall, wo Sie sich mit dem gegenwärtigen Moment wieder verbinden möchten. Ich habe sie
in meiner Ausbildung zur MBCT-Lehrerin bei Prof. Mark Williams kennengelernt und stellte dabei fest, dass ich sie bereits
seit Jahren intuitiv immer wieder in meinem Alltag angewendet

hatte, wenn ich merkte, dass ich mich gerade verzettelte. Vielleicht geht es Ihnen genauso, wenn Sie die nun folgende Anleitung lesen:

Immer wenn Sie bemerken, dass Sie sich im Modus des Autopiloten befinden, und aus diesem Zustand für einen Moment aussteigen wollen, um sich mit dem gegenwärtigen Moment, dem Jetzt, wieder zu verbinden, nehmen Sie eine aufrechte, würdevolle Haltung ein. Schließen Sie die Augen. Konzentrieren Sie sich auf Ihre Wahrnehmung, gerade jetzt, in diesem Moment. Fragen Sie sich: »Was ist meine Erfahrung gerade jetzt? Was denke ich, was fühle ich, welche körperlichen Empfindungen kann ich« gerade wahrnehmen?« Bemerken Sie, was in den Fokus Ihrer Aufmerksamkeit rückt, auch Unerwünschtes oder Unangenehmes. Alles darf da sein.

Richten Sie dann sanft Ihre Aufmerksamkeit auf den Atem, und spüren Sie, wie es sich anfühlt, wenn Sie einatmen, und wie es sich anfühlt, wenn Sie ausatmen. Bleiben Sie bei Ihrem Atem den ganzen Einatem lang sowie den ganzen Ausatem lang.

Ihr Atem ist Ihr Anker im Jetzt. Er hilft Ihnen, in die Gegenwart zurückzukehren und sich in einen Zustand der Achtsamkeit und Stille einzustimmen.

Dehnen Sie dann Ihre Achtsamkeit über Ihren Atem hinaus auf das Spüren Ihres Körpers, Ihrer Haltung und Ihres Gesichtsausdrucks aus. Wenn Sie die Übung beenden, versuchen Sie, Ihre Achtsamkeit auch bei den darauf folgenden Aktivitäten zu bewahren, solange es geht.

Die Tee-Meditation

Trinken Sie in Achtsamkeit eine Tasse Tee und schenken Sie sich damit eine besondere Pause. Sie können diese Tee-Meditation sehr ausführlich machen oder auch nur über die Dauer weniger bewusster Schlucke.

Wählen Sie für diese Meditation einen für Sie angenehm aromatisch duftenden Tee aus, eine schöne Tasse und vielleicht auch eine schöne Teekanne. Nehmen Sie bei dieser Übung jede Ihrer Bewegungen ganz bewusst wahr, und führen Sie sie in Achtsamkeit aus.

Bereiten Sie den Tee vor. Vielleicht haben Sie sich für losen Tee entschieden, vielleicht für einen Teebeutel. Seien Sie sich der Kostbarkeit des Tees bewusst. Alles, was uns umgibt, ist in Abhängigkeit von anderen Gegebenheiten entstanden, die sich in einem fein aufeinander abgestimmten Universum gegenseitig bedingen. Verändert sich nur ein kleiner Teil in der Kette, verändert sich das Gesamte. So halten Sie mit dem Tee nicht nur den Tee in Ihren Händen, sondern das Gesamte. In ihm vereinigen sich die Sonne, der Regen, die Wolken, der Himmel, die Erde, die Pflanzen, die Menschen, ihre Arbeitskraft und Ideen, das gesamte Universum.

Nehmen Sie den Duft des Tees wahr, wenn er noch nicht mit dem Wasser in Berührung gekommen ist. Wie verändert sich der Duft, wenn Sie den Tee aufgießen? Betrachten Sie, wie sich das Wasser durch den Tee verfärbt. Gießen Sie den fertigen Tee bewusst in Ihre Tasse, nehmen Sie sie auf und spüren Sie die Wärme des Tees, die durch die Tassenwand dringt. Betrachten Sie den aufsteigenden Dampf, den sich verbreitenden Duft. Wie fühlen Sie sich? Welche Gedanken steigen auf? Wie fließt Ihr

Atem? Nehmen Sie einen bewussten Schluck. Lassen Sie ihn über Ihre Zunge rollen, und nehmen Sie den Geschmack und die Wärme des Tees wahr. Wenn Sie ihn runterschlucken, achten Sie darauf, wie lange Sie ihn noch wahrnehmen können und wie sich der Geschmack in Ihrem Mund verändert. Trinken Sie nun in der gleichen bewussten Weise Schluck für Schluck. Seien Sie sich Ihrer Empfindungen und des Geschmacks des Tees bis zum letzten Schluck vollkommen bewusst. Bemerken Sie, wenn Sie ungeduldig werden oder abschweifen, und bringen Sie sich sanft, aber bestimmt wieder zurück zu Ihrem jeweiligen Schluck Tee, zurück in diesen Moment.

Wenn Sie die Tasse geleert haben, sollten Sie noch einen kurzen Moment in Stille sitzen bleiben, seien Sie sich Ihres Atems und Ihrer Geistesaktivität bewusst, und beenden Sie dann die Meditation.

Selbstverständlich lässt sich diese Tee-Meditation auch in eine Kaffee- oder Schokoladen-Meditation umwandeln und sich je nach Zeitfenster beliebig verkürzen oder verlängern. Seien Sie kreativ.

Achtsam
leben und arbeiten

Achtsamkeit braucht nicht mehr Zeit

Sie möchten mit Achtsamkeit beginnen, haben aber das Gefühl, überhaupt keine Zeit dafür zu haben? Dann bringen Sie die Achtsamkeit auf die »Spülstein-Ebene«: Beginnen Sie, die ganz alltäglichen Dinge, denen Sie normalerweise keine Beachtung schenken, mit ungeteilter Aufmerksamkeit und voller Bewusstheit zu tun – Essen, Trinken, Zähneputzen, Schuhe zubinden, Duschen, Treppensteigen – einfach alles. So wird Ihr ganzes Leben von Achtsamkeit durchdrungen, und alles in Ihrem Alltag dient Ihnen als Übungsobjekt, an dem Sie in Ihrer Fähigkeit der Bewusstheit wachsen können. Nichts wird ausgeklammert, weder das Angenehme noch das Unangenehme. Alles ist Praxis. Sie brauchen sich dafür keine Extra-Zeit zu nehmen. Leben Sie einfach weiter wie bisher. Der einzige Unterschied: Tun Sie alles in voller Bewusstheit. Bleiben Sie mit Ihrer vollen Aufmerksamkeit bei Ihrer jeweiligen Tätigkeit. Immer! Wenn Sie Ihr Leben so gestalten, leben Sie ein vollkommen achtsames Leben.

Nehmen wir beispielsweise das Spülen. Sie müssen Ihre Tasse sowieso spülen? Großartig! Dies ist die Gelegenheit, Achtsamkeit im Alltag zu üben! Sie haben in Ihrem Leben grundsätzlich die Wahl: Sie können Dinge unbewusst oder bewusst tun. Sie können sich präsent in Ihr Leben einklinken oder sich durch Unbewusstheit aus Ihrem Leben ausklinken. Der Zeitaufwand ist der gleiche. Denn Achtsamkeit zu praktizieren bedeutet nicht unbedingt, wie von vielen angenommen, Dinge langsamer zu machen. Wenn Sie möchten, können Sie Ihr Leben entschleunigen, Sie müssen es aber nicht. Ob Sie Dinge schnell machen oder langsam, entscheidend ist der Grad Ihrer Bewusstheit. Bleiben wir beim Spülen der Tasse: Sie können die Tasse langsam, mit viel Zeiteinsatz spülen, vor sich hin träumend, ohne auch nur einen Funken Achtsamkeit. Genauso können Sie die Tasse schnell spülen, mit absoluter Präzision und voller Bewusstheit. Es mag allerdings sein, dass Sie merken, wie Ihnen Langsamkeit beim Bewusstwerden hilft, und Sie sich daraufhin entscheiden, Dinge einfach etwas langsamer als sonst zu erledigen.

Sich angemessen zu verhalten ist gelebte Achtsamkeit. In manchen Fällen ist es ein Zeichen von Achtsamkeit, sich bewusst für Langsamkeit zu entscheiden, in manchen für Schnelligkeit. Dem geht voraus, dass ich mir bewusst werde, in welcher Situation ich mich gerade befinde und daraufhin eine bewusste Entscheidung fälle. Hierzu benötige ich ein hohes Maß an Aufmerksamkeit, den Kontakt zu mir selbst und den Kontakt zu meinem Umfeld.

Jeden Moment unseres Lebens achtsam und voller Bewusstheit zu leben bedeutet, dass jeder Moment zu einer kostbaren Möglichkeit der Entwicklung auf unserem Weg zu mehr Klarheit und Wachheit wird. Wenn wir den ganzen Tag Achtsamkeit üben, brauchen wir keine Zeit mehr für zusätzliche Achtsamkeitspraxis, denn alles ist bereits zur Übung geworden.

Fegen

Dinge um ihrer selbst willen zu tun bedeutet, sie im Jetzt zu tun – Moment für Moment.

Heute hatte ich Putzdienst. Eine Treppe war zu fegen. Ich ertappte mich dabei, wie ich diese unliebsame Tätigkeit als Zeitverschwendung ansah und mal eben schnell hinter mich bringen wollte. Ich spürte die Ungeduld und Hektik in mir. Statt jedoch der Ungeduld und der damit einhergehenden Verärgerung nachzugeben, entschied ich mich, diese unliebsame Zeit des Fegens zu einer bewusst gelebten Zeit zu machen, und kehrte die Treppe um des Kehrens willen. Treppenstufe für Treppenstufe. Ich sah die Maserung des Holzes, sah ihren Honigton, erinnerte mich daran, wer sie gebaut hatte, und brachte dieser Leistung meine Wertschätzung durch das Fegen entgegen. Ebenso fegte ich sie, damit jeder sich an einer gepflegten Treppe erfreuen, über sie ohne Behinderung leicht in ein anderes Stockwerk gelangen konnte und sie allen noch lange in ihrer Schönheit und Funktion erhalten bleibt. In diesem Moment war ich vollkommen bei der Treppe, vollkommen beim Fegen und fühlte mich vollkommen lebendig. Stille breitete sich in mir aus, und ich empfand das Fegen nicht mehr als lästig oder als Verschwendung meiner Lebenszeit, sondern ich lebte ganz und gar, war zufrieden, still und glücklich.

Mit Achtsamkeit Dinge zu tun bedeutet, sie gleichzeitig mit einer Haltung der Fürsorge, Wertschätzung und Liebe zu tun. So wirkt jegliche Tätigkeit zum Wohle aller.

Glück

*Glück findet sich nicht mit dem Willen, es ist immer
schon da, im Entspannen und Loslassen.*

GENDÜN RINPOCHE

Auf der Jagd nach Glück ist unser Geist getrieben von dem
Wunsch, immer neue Dinge zu tun. Er greift und jagt nach allem, was nur annähernd glückverheißend ist. Unser Glück
scheint dabei nur in der Zukunft zu liegen. *Wenn ich dieses oder
jenes getan habe, dann werde ich glücklich sein. Wenn ich nur
das oder das tun könnte, dann wäre ich glücklich.* Tun wir es
dann, ist unser Geist längst schon bei einer neuen, viel interes-
santeren Sache, die uns erneut Glück verspricht. Es scheint, als
würden wir einem Regenbogen hinterherlaufen, dessen Substanz so flüchtig ist wie ein Traum. Getrieben reihen wir Projekte an Projekte, Treffen an Treffen, Shopping-Tour an Shopping-
Tour, Beziehung an Beziehung, Film an Film. Wir zappen uns
regelrecht durch unser Leben.

Dabei ist Glück etwas, das sich unserem Willen vollkommen
entzieht und nicht im Außen zu finden ist. Es gibt Menschen,
die eigentlich alles haben und doch nicht glücklich sind. Andererseits gibt es Menschen, die nichts haben und doch vollkommen glücklich sind. Sobald die Jagd aufhört, hat das Glück Zeit,
sich bei uns niederzulassen. Wir brauchen Zeit und Muße, damit
sich das Glück entfalten kann. Vielleicht kennen Sie dieses Gefühl, das sich einstellt, wenn wir vollkommen in unserer Mitte
sind – vollkommen in unserer Mitte und in der Mitte des gesamten Universums, jenseits allen Wollens. Dann, wenn wir uns mit
den Dingen in vollkommenem Einklang fühlen, entsteht dieses
Gefühl von Weite und Einssein mit uns und der Welt – eine

tiefe Zufriedenheit, ein ungehindertes Fließen jenseits aller Zeit – Glück. Dieser Zustand des Einsseins endet jedoch, sobald sich der Geist dieses Gefühl unter den Nagel reißt und es konservieren möchte. Begierde tritt auf den Plan, und wir fallen aus diesem Zustand des Glücks heraus. Das kann in der Meditation oder auch in unserem alltäglichen Leben passieren. Wie alles, ist auch der Moment des Glücks flüchtig. Je mehr wir versuchen, durch Greifen und Manipulieren diesen Zustand des Glücks zu verfestigen oder wiederherzustellen, je mehr verstricken wir uns in die Jagd und damit rückt das Glück erneut in weite Ferne. Achtsamkeit lädt uns ein, aus der Jagd auszusteigen – innezuhalten, im Jetzt zu bleiben und damit in der Vollkommenheit jedes Augenblicks zu verweilen, wie auch immer er sich darstellen mag. Kommen Sie zurück. Zurück zu sich selbst, zurück in diesen Moment. Atmen Sie, kommen Sie bei sich an und lösen Sie die Kralle des Wollens. Atmen Sie und entspannen Sie sich. Dann kann sich wirkliches Glück manifestieren – Moment für Moment.

Gelassenheit

Das Wort Gelassenheit kommt von »lassen«, die Dinge sein lassen, wie sie sind. Es ist ein vollkommen unmanipulativer Zustand, der nichts verfestigt, also nichts an seinem natürlichen Fließen hindert. Es ist ein raumhafter Zustand vollkommener Akzeptanz und Bewusstheit, einhergehend mit dem Gefühl wacher Entspanntheit.
In Momenten, in denen wir uns Gelassenheit wünschen, fühlen wir uns meist eher genau gegenteilig: angespannt, verkrampft,

vielleicht auch blockiert im Denken und im Leben. Achtsamkeit kann uns genau darauf aufmerksam machen und uns die Chance geben, auszusteigen und Gelassenheit zu entwickeln. Gelassenheit ist eine bewusste Entscheidung, den Dingen ihren natürlichen Lauf zu lassen. Es ist die Haltung eines vorurteilsfreien Beobachters, wertneutral, bewusst wahrnehmend, jedoch nicht eingreifend in das Geschehen. Muskulatur, die sich durch das starke Wollen angespannt hat, darf sich wieder lösen. Unser gesamter Organismus folgt dann diesem Prozess der Loslösung, Gedanken können wieder frei fließen, Kreativität kommt in Bewegung, und Lösungen können sich natürlich entwickeln.

Wenn Sie merken, dass Sie sich in etwas verbeißen, und sich mehr Gelassenheit wünschen, beginnen Sie, diesen Zustand erst einmal genau zu erforschen. Lenken Sie dazu Ihre Aufmerksamkeit auf die Wahrnehmung Ihres Körpers und Ihrer Gedankenaktivität und nehmen Sie diese vollkommen wahr. Was können Sie spüren? Welches sind Ihre persönlichen Anhaltspunkte von Anspannung, Enge und Manipulation im Körper sowie im Geist? Entscheiden Sie, wie es weitergehen soll. Es ist Ihre bewusste Entscheidung, den Dingen ihren Raum zu geben, sich selbst wieder Raum zu geben, Abstand zu bekommen, einen Schritt zurückzutreten. Schauen Sie, was passiert, wenn Sie nichts tun, wenn Sie beginnen, Dinge sein zu lassen, wie sie sind. Wie oft geben wir unsere Kraft in Projekte oder Dinge, von denen wir ganz konkrete Vorstellungen haben, wie sie laufen sollen, und doch entziehen sie sich unserem Willen. Vielleicht verdoppeln wir unsere Anstrengung, um sie trotzdem unserem Willen entsprechend durchzusetzen, doch immer noch bewegt sich nichts zu unserer Zufriedenheit. Gelassenheit ist ein Energiesparmodus, ein ökologisches Umgehen mit unserer Kraft und auch mit der Kraft und den Ressourcen anderer. Fragen Sie sich, warum Sie immer und überall Ihre Finger im Spiel haben möchten! Ist es der Wunsch nach Kontrolle, mangelndes Vertrauen in andere oder in das Leben? Gelassenheit hat auch viel mit Vertrauen in die natürlichen Regulationsprozesse unseres Umfeldes zu tun. Es kann für Sie eine große Herausforderung bedeuten, sich aktiv aus dem Geschehen zurückzuziehen und den Dingen ihren eigenen Lauf zu lassen. Vielleicht stürzt es Sie in ein Gefühl der Bodenlosigkeit, so als würde Ihnen der Teppich unter den Füßen weggezogen. Vielleicht bedeutet es für Sie auch, sich Ihren Ängsten zu stellen. Laufen Sie nicht weg, stellen Sie sich Ihrer Angst, der Angst, dass Ihnen die Kontrolle entgleitet. Realistisch gesehen können Sie nicht alles und jeden in Ihrem Leben kontrollieren. Sie werden nicht umhinkommen, sich irgendwann einmal genau diesen Ängsten zu stellen. Beginnen Sie jetzt damit! Beginnen Sie, das Lassen zu kultivieren, es zu üben. Beginnen Sie beispielsweise damit, Ihren Kollegen seine Arbeit machen zu lassen und dem Impuls des Kontrollierens ausnahmsweise mal nicht nachzugehen, erst einmal so lange, wie Sie es schaffen. Das muss ja nicht gerade bei einem großen Projekt sein, sondern es können ruhig weniger wichtige Tätigkeiten sein. Schrauben Sie den Schwierigkeitsgrad langsam nach oben. Vielleicht bedeutet es für Sie schon eine Herausforderung, gelassen zu bleiben, wenn Sie mit Ihrer Partnerin oder Ihrem Partner einkaufen gehen und sie oder er packt die Einkaufstüte nicht in Ihrem Sinne. Vielleicht verspüren Sie den dringenden Wunsch, Ihrem Partner alles ungeduldig aus der Hand zu reißen und es mal wieder selbst zu machen. Lassen Sie das! Lassen Sie es zu, dass Menschen in Ihrem Umfeld, Dinge in ihrem eigenen Rhythmus, in ihrem eigenen Verständnis, in ihrer eigenen Logik, in ihrer eigenen Zeit machen, so, wie sie es für richtig erachten. Andernfalls werden Sie bald vollkommen überarbeitet sein, sich beschweren, dass immer nur Sie alles machen müssen, und Ihr Umfeld wird immer weniger Verantwortung übernehmen, da irgendwann sehr wahrscheinlich alle vollkommen frustriert aufgeben, weil man es Ihnen ohnehin nicht recht machen kann.

Nehmen Sie den Impuls des ungeduldigen Selbermachen-Wollens wahr, doch reagieren Sie einmal nicht mit Tun darauf. Gönnen Sie sich das Experiment zu schauen, was passiert, wenn Sie nicht eingreifen. Lassen Sie zu, dass sich Ihr Umfeld selbst reguliert, auch wenn es nicht immer Ihren Vorstellungen entspricht. So bekommen andere die Chance, mehr Verantwortung zu übernehmen, und der »Energieverbrauch« wird auf mehrere Schultern verteilt, mit dem Ergebnis, dass Sie mehr Kraft für andere Dinge übrig haben werden, die Ihnen vielleicht wirklich wichtig sind.

Es geht dabei nicht darum, sich vollkommen aus allem herauszuhalten und eine »Mir doch alles egal«-Haltung zu kultivieren. Ganz im Gegenteil. Es bedeutet, Verantwortung für die eigenen Entscheidungen und das eigene Tun oder Nicht-Tun zu übernehmen, und das in vollkommener Bewusstheit. Wir brauchen viel Achtsamkeit, um entscheiden zu können, welche Situationen von uns vorantreibende Aktivität erfordern und welche natürlichen Raum zur eigenen Entfaltung brauchen. Es ist eine Gratwanderung. Und genau dafür brauchen wir eine gutgeschulte Achtsamkeit. Energiesparmodus oder Aktivität, die Entscheidung liegt bei uns.

Vereinfachung

Unser Leben erscheint uns manchmal als unglaublich kompliziert, dauernd scheinen sich die Dinge zu verselbständigen, und unbewusst geraten wir schnell in einen Strudel von Reaktionen und Gegenreaktionen, verletzten Gefühlen, Unklarheiten, Sorgen und Verstrickungen. So wie ein Stein, der in einen See fällt, jedes Wassermolekül in Schwingung versetzt, hat unser Denken und Tun Auswirkungen auf alles in uns und um uns herum und prägt unser Erleben.

Wir alle kennen Situationen, in denen sich alles unnötig aufschaukelt. Wie viel Lebensqualität und Zeit gehen dabei verloren und wie viel Leid entsteht dadurch! Angewandte Achtsamkeit ist, sich aller Handlungen in unserem Leben bewusst zu werden und uns bewusst zu entscheiden, die Handlungen zu unterlassen, die uns und die Lebewesen in unserer Umgebung schädigen. Buddha Shakyamuni hat vor zweitausendfünfhundert Jahren Empfehlungen gegeben, die auch heute für uns hilfreich sein können, um die gröbsten unserer Verstrickungen zu lösen und den Alltag in einfachere Bahnen zu lenken:

● **Das Leben achten und schützen**
Leben ist kostbar. Wir alle haben Angst vor Schmerzen, Leid und Tod. Kultivieren Sie einen heilsamen und wertschätzenden Umgang allen Lebewesen gegenüber (Menschen, Tiere, Pflanzen und Insekten), indem Sie ihr Leben und ihre Gesundheit schützen und fördern, sie nicht schädigen oder gar töten. Diese Haltung vermindert Leiden und fördert unser Verstehen und unser Mitgefühl. Wenn es Ihnen schwerfällt, in manchen Insekten die Kostbarkeit des Lebens zu entdecken

und Mitgefühl für diese Lebewesen zu entwickeln, nehmen Sie sich ein Vergrößerungsglas und betrachten Sie diese Wunderwerke der Natur. Versuchen Sie sich in die Welt eines Insekts einzufühlen. Wie fänden Sie es, wenn Sie auf Ihrem Weg zur Arbeit erschlagen würden, weil jemand Sie hässlich, ekelig oder lästig findet? Können Sie sich vorstellen, wie schwer Ameisen arbeiten müssen? Unsereins würde mit einem Burnout und Kreuzschmerzen zur Therapeutin gehen oder die Frührente einreichen. Und für alle, die Mückenstiche persönlich nehmen: Die Mücke muss Blut saugen, sonst würde sie nämlich verhungern!

- **Nicht nehmen, was nicht gegeben ist**
Nehmen Sie nichts, was Ihnen nicht gegeben wurde, Ihnen nicht gehört. Kultivieren Sie Achtsamkeit diesen Dingen gegenüber, indem Sie vorher fragen, bevor Sie sie an sich nehmen oder benutzen. Vermeiden Sie, auf Kosten anderer zu leben, zu stehlen oder sich Vergünstigungen zu erschleichen. Praktisch bedeutet dies beispielsweise, offene Rechnungen möglichst sofort zu bezahlen, Steuerangelegenheiten transparent und korrekt zu handhaben oder für einen Ausgleich zu sorgen, sollten uns andere Menschen materiell oder finanziell unterstützen. Dies beugt Missverständnissen und unguten Gefühlen auf beiden Seiten vor und schafft einen ausgeglichenen, klaren Geist.

- **Achtsame Rede**
Bemühen Sie sich um Wahrheit und Aufrichtigkeit. Kultivieren Sie eine angenehme, wertschätzende und heilsame Redeweise und vermeiden Sie Klatsch und Tratsch, harte, Hass oder Zwietracht säende Worte, Lügen oder sinnloses Geschwätz. Worte haben eine starke Auswirkung auf unseren Geist. Wir können mit ihnen Klarheit und Wohlbefinden, aber auch Verwirrung und Unwohlsein hervorrufen. Sprache und

Worte achtsam und heilsam einzusetzen fördert Verstehen, Mitgefühl, Klarheit und Weisheit.

- **Achtsames Sexualverhalten**

Bleiben Sie sich und Ihrem Partner, Ihrer Partnerin treu und kultivieren Sie eine umsichtige, wertschätzende und verantwortungsvolle Sexualität. Vermeiden Sie Handlungen, mit denen Sie sich selbst oder Ihren Partner, Ihre Partnerin körperlich oder emotional schädigen. Achtsamkeit in diesem Bereich fördert das gegenseitige Vertrauen, Wertschätzung, Liebe und Mitgefühl und kann heilsame Klärungsprozesse in Gang setzen.

- **Achtsamer Umgang mit Rausch- und Genussmitteln**

Vermeiden Sie jeglichen Missbrauch von Drogen, Alkohol und anderen Genussmitteln, da sie Ihre geistige Klarheit und Wahrnehmung trüben, Ihre Gesundheit schädigen und zu Handlungen oder emotionalen Konflikten führen können, die unnötiges Leid und Verwicklungen nach sich ziehen. Wer sich um Achtsamkeit und Klarheit des Geistes bemüht, wird schnell merken, dass Rauschmittel und Achtsamkeit sich nicht miteinander vereinbaren lassen.

Diese Empfehlungen im alltäglichen Leben umzusetzen, reduziert ganz automatisch das Entstehen von Verstrickungen, Schmerzen und Leid. Wir werden sehr klar und bewusst in unserem Tun und müssen uns nicht dauernd mit Problemen und Ängsten belasten, die aus komplizierten Verwicklungen, Sorgen und unheilsamen Gedanken und verletzten Gefühlen entstehen. Ganz natürlich werden sich dadurch Freude, Ruhe, Vertrauen, Mitgefühl und Wohlwollen in unserem Leben entfalten, was natürlich auch positive Auswirkungen auf unser Umfeld hat.
Es ist unsere bewusste Entscheidung, Dinge oder Handlungen zu lassen, die sich für uns als nicht förderlich oder heilsam er-

wiesen haben. Mit Achtsamkeit das Leben zu meistern bedeutet, sich im eigenen Maß von unheilsamen Gewohnheiten und Mustern nach und nach zu verabschieden. Dadurch vereinfacht sich unser Leben mehr und mehr. Überprüfen Sie für sich selbst, was Ihnen auf Ihrem Weg zu mehr Klarheit und Verständnis hilft. Sie brauchen nicht Ihr ganzes Leben radikal auf den Kopf zu stellen und Asket zu werden. Um sich der Vereinfachung Ihres Lebens anzunähern, können Sie beispielsweise jeweils eine Empfehlung erst einmal eine Woche lang ausprobieren, sich auf die damit verbundenen Aspekte innerlich ausrichten und Ihre persönlichen Erfahrungen und Erkenntnisse sammeln. Es ist ein Übungs- und Erfahrungsweg, es muss also nichts von Anfang an klappen. Schauen Sie, was sich in Ihrer Erfahrung verändert, wie Sie sich fühlen, was Ihnen auffällt und welche Geistesaktivität mit jeder dieser Empfehlungen verbunden ist. Welche Auswirkungen hat deren Umsetzung auf Ihren Alltag. Wenn Ihnen das Beherzigen und Praktizieren dieser Empfehlungen hilft und sinnvoll erscheint, integrieren Sie sie Schritt für Schritt in Ihren Alltag.

Humor

Beginnt man, sich mit der Achtsamkeit zu beschäftigen, kann schnell der Eindruck entstehen, dass ab jetzt jeder Spaß aufhört. Da liest man Bücher, in denen steht, dass man vollkommen bei der Sache sein soll, in vollkommener Bewusstheit, vollkommener Achtsamkeit. Also beginnt man, die Dinge des täglichen Lebens besonders ernst zu nehmen, um sie »richtig« zu machen, um sie achtsam zu tun. Doch anstatt ein Gefühl von Leichtigkeit zu verspüren, von dem im Zusammenhang mit der Achtsamkeit oft zu lesen ist, wird alles immer schwerer, trockener und freudloser. Es mag der Eindruck entstehen, wir praktizierten nicht »richtig«. Also verdoppeln wir unsere Ernsthaftigkeit, mit dem Ergebnis, dass alles nur noch enger, schwerer und freudloser wird. Das ist die Sackgasse der Ernsthaftigkeit, hervorgerufen durch Festhalten. Durch unser Bestreben, alles richtig zu machen, vergessen wir das Loslassen, das Lösen von unserem Wollen. Humor ist da eine gute Gegenkraft. Humor löst unsere Kralle der Ernsthaftigkeit und hilft uns, Loslassen und Leichtigkeit zu kultivieren. Humor ist gleichermaßen die Frucht des Loslassens und der Achtsamkeit. Sie bedingen sich gegenseitig.

Je ernster wir etwas nehmen, desto mehr haften wir an diesen Dingen und umso größer ist ihr Einfluss auf uns. Humor schafft eine freudige Atmosphäre und setzt positive Energie frei. Humor nimmt sich selbst nicht so ernst. Wenn man die Gelegenheit hat, große spirituelle Meisterinnen und Meister kennenzulernen, kann man erleben, wie humorvoll sie oft sind. Sie wirken voller Freude und fast spielerisch, ohne den Respekt, ihr Mitgefühl, und die Präzision ihrer Wahrnehmung zu verlieren. Sie sind wahrhaft wach und im Kontakt und lassen zu, dass sich die Dinge in ihrer eigenen spielerischen Dynamik entwickeln, dass sie entstehen und wieder auseinandergehen, so, wie alles in diesem Universum spielerisch zusammenfindet, entsteht und sich wieder auflöst. Gerade wenn Sie ernsthaft daran interessiert sind, Achtsamkeit in Ihrem Leben zu etablieren, sollten Sie im gleichen Maße Humor kultivieren. Ihre Achtsamkeit wird in Leichtigkeit besser gedeihen.

Heilsamkeit und Achtsamkeit sind die Kennzeichen förderlichen Humors. Er sollte sich freudvoll, weich, herzlich, nährend und authentisch anfühlen. Vermeiden Sie Sarkasmus und jede

Art von Humor, die auf Kosten anderer geht. Ein solcher Humor ruft in Ihnen und in den Menschen um Sie herum Irritationen und Störgefühle hervor, die meistens zu überflüssigen zwischenmenschlichen Problemen und Missverständnissen führen und sich hinderlich auf die Entwicklung von Achtsamkeit und Klarheit auswirken. Sarkasmus und Ironie sind nichts anderes als getarnte Aggressionen, die immer auf uns selbst zurückfallen. Statt Leichtigkeit, Offenheit und Klarheit werden durch sie Enge, Aggression und Dumpfheit genährt.

Entwickeln Sie also eine achtsame, heilsame und förderliche Art des Humors. Nehmen Sie bei sich selbst wahr, wie sich Ihr persönlicher Humor anfühlt. Wie wirkt es sich auf Sie aus, wenn Sie herzhaft lachen können, wenn Sie beginnen, sich selbst nicht mehr so wahnsinnig wichtig zu nehmen, wenn Sie anfangen, über sich selbst und mit anderen freundschaftlich zu lachen? Beginnen Sie, die Dinge von ihrer komischen Seite zu sehen, und beobachten Sie, wie sich das auf Ihre Wahrnehmung der Dinge und Ihre Kreativität, beispielsweise in der Lösungsfindung, auswirkt. Und wenn Sie merken, dass Sie sich selbst in eine Sackgasse manövriert haben, wagen Sie doch einfach mal das Experiment, genau darüber herzhaft zu lachen. Schauen Sie einfach, was passiert.

Kommunikation

*In einem Großteil eures Redens wird das Denken halb
ermordet. Denn das Denken ist ein Vogel des Himmels,
der in einem Käfig aus Worten zwar vielleicht seine
Flügel ausbreiten kann, nicht aber zu fliegen vermag.*

KHALIL GIBRAN[4]

Eine große Herausforderung im zwischenmenschlichen Bereich
ist die Verständigung. Missverständnisse entstehen leicht, verfügen wir doch alle über eine eigene, individuell geprägte Wahrnehmung. Kommunikation beschränkt sich dabei nicht nur auf
den Bereich der Sprache, sondern bezieht unser gesamtes Sein
mit ein. Stellen Sie sich einmal vor, Sie sitzen in einem Theater-
stück. Ein Darsteller betritt die Bühne. Bevor er auch nur ein
Wort gesagt hat, wissen wir schon einiges über die Person, die
er in der Rolle verkörpert, allein durch seine Kleidung, seine Art,
die Bühne zu betreten, zu gehen, die Körperhaltung und Mimik.
Kommunikation ist ein ganzheitlicher Ablauf und findet permanent statt, sobald es einen Sender und einen Empfänger gibt.
Man kann nicht *nicht* kommunizieren (Watzlawick). Das bedeutet, dass der Empfänger einen subjektiven Eindruck von uns
bekommt allein durch unser Sein, dadurch, wie wir uns geben.
Auch gänzlich ohne Worte. Eindrücklich erleben dies die Teilnehmerinnen und Teilnehmer meiner Achtsamkeitstage. Diese
Tage finden im Schweigen statt, wobei jegliche Art der Kommunikation wie zum Beispiel Zeichensprache oder Blickkontakt
vermieden werden soll. Trotzdem wird gemeinsam das Essen
vorbereitet, der Tisch gedeckt und wieder abgeräumt, Tee gekocht und für Tassen gesorgt, aufgeräumt und gespült. Dabei
kommunizieren wir in gewisser Weise auch ohne Worte. Wenn

wir beispielsweise die Tassen aus der Küche in den Essraum bringen, ist dies eine Art Kommunikation, die verdeutlicht, dass für Tassen bereits gesorgt ist, doch der Tee vielleicht noch fehlt. Natürlich ist es meine Entscheidung, mich auf den Weg in die Küche zu machen, um nachzusehen, ob jemand bereits Tee gemacht hat. Durch diese Handlung kann sich jemand anderes angesprochen fühlen, mir zu folgen, um die Plätzchen für den Tee zu holen und so weiter. Kommunikation ist also das, was wir daraus machen. Und das bleibt unserer Wahrnehmung, Bewertung und Entscheidung überlassen. Und genau das macht Kommunikation so schwierig.

Bei achtsamer Kommunikation sind wir uns dessen bewusst und beziehen diese ganzen Unwägbarkeiten mit ein. Um Achtsamkeit in Kommunikation mit anderen zu praktizieren, ist es hilfreich, sich erst einmal den eigenen Kommunikationsstil wertneutral und bewusst anzuschauen. Feedback von anderen kann hier sehr förderlich sein. Stimmen Mimik und Körperhaltung mit meinen Worten und meiner Stimmlage überein? Berücksichtige ich die kulturellen Gegebenheiten und Konventionen? Werde ich so verstanden, wie ich es mir wünsche? Was muss ich verändern, damit Gestik, Mimik, Worte und Tonlage in Harmonie miteinander sind? Benutze ich die Worte, die mein Gegenüber verstehen kann, oder verwende ich vielleicht unbekannte Fremdwörter oder umgangssprachliche Redewendungen?

Achtsame Kommunikation bedeutet, sich dessen bewusst zu werden, was Kommunikation fruchtbringend gestaltet. Ein wichtiger Faktor dabei ist, sich auf den Empfänger einzustellen, das heißt, darauf zu achten, dass ich mich auf dessen Welt und Frequenz einstimme. Nur dann habe ich die größtmögliche Chance, verstanden zu werden. Genauso ist es hilfreich zu erkennen, wann der richtige Zeitpunkt für ein Gespräch da ist. Wenn mein Gegenüber gerade nicht offen ist, vielleicht zu be-

schäftigt oder emotional aufgewühlt ist, abblockt oder aus-
weicht, liegt eine Empfängerstörung vor. Wir können schauen,
ob wir diese Störung beheben können, doch sollte dies nicht
möglich sein, ist es energieschonender, das Gespräch zu einem
anderen Zeitpunkt wieder aufzunehmen. Ich hatte beispielsweise mal einen cholerischen Chef. Es genügte eine Kleinigkeit, um
ihn vollkommen aus dem Häuschen zu bringen. Je mehr man
sich in dieser Situation erklären wollte, desto mehr stachelte es
seine Wut an. Das rationelle Denken setzte bei ihm in dieser Zeit
gänzlich aus, und es war unmöglich, mit ihm ein sachliches
Wort zu sprechen. Also ließen meine Kollegen und ich ihn in
seinen Wutanfällen in Ruhe, machten weiter unsere Arbeit oder
eine Pause. Wenn er sich beruhigt hatte, konnten wir mit ihm
wieder über alles reden.

Achtsame Kommunikation bedeutet also, genau hinzuschauen
und den angemessenen Zeitpunkt, die angemessenen Worte, die
richtige Gestik und Mimik zu finden. Es ist eine respektvolle Art
der Kommunikation, die darauf bedacht ist, in einer für beide
Parteien förderlichen Art und Weise zu kommunizieren, welche
weder verletzt noch erniedrigt und den Inhalt bestmöglich vermittelt.

Missverständnisse entstehen oft dann, wenn wir nicht ausreichend Informationen über uns preisgeben, wenn wir die andere
Person über uns im Unklaren lassen und sie ihrer freien Interpretation der Dinge überlassen.

Eine wichtige Voraussetzung achtsamer Kommunikation ist, in
Kontakt mit uns selbst zu sein, unsere Bedürfnisse, Empfindungen und Regungen zu erkennen und zu lernen, sie angemessen
auszudrücken, so dass wir unserem Gegenüber eine Chance geben, sich auf unsere Welt einzustimmen, wahrzunehmen, was
bei uns passiert und entsprechend darauf zu reagieren. Um sicher zu sein, dass wir verstanden wurden, kann es in einem

Gespräch hilfreich sein, bewusst noch einmal nachzufragen, wie die andere Person uns verstanden hat, und uns eine kleine Zusammenfassung aus ihrer Sicht geben zu lassen. So werden Missverständnisse sofort aufgedeckt und können durch zusätzliche Erklärungen meist schnell beseitigt werden. Wenn wir etwas nicht verstehen, sollten wir es uns zur Gewohnheit machen, sofort nachzufragen, um die Dinge direkt zu klären. Es ist hilfreich, Ich-Aussagen zu treffen, zum Beispiel: »Ich fühle mich alleine«, anstatt beschuldigende Feststellungen wie: »Du liebst mich nicht!« Sind wir aufgebracht, lassen wir uns manchmal vielleicht zu Schuldzuweisungen hinreißen, anstatt zu sagen, was wir uns wünschen, wie wir uns fühlen und wie wir die Dinge wahrnehmen. Schuldzuweisungen sind ein Angriff, auf den in der Regel mit Abwehr oder einem Gegenangriff reflexartig reagiert wird. So entsteht Streit. Das Äußern von Wünschen und Wahrnehmungen gibt dem anderen hingegen Informationen, auf die er eingehen kann. Anstatt uns also auf die Defizite des Gegenübers und das, was schlecht läuft, zu konzentrieren, richten wir in der achtsamen Kommunikation unser Augenmerk auf das, was ist und sein soll. Achtsame Kommunikation ist ressourcen- und lösungsorientiert und auf das, was es im Jetzt zu tun gibt, gerichtet. Schlüsselfrage ist: Was kann jetzt zur Lösung des Konfliktes beigetragen werden? Was wird gebraucht, damit ich verstanden werde? Beispielsweise gibt es Menschen, die sehr an Daten und Fakten orientiert sind, andere wiederum denken in Bildern. Wenn sich diese beiden Menschentypen unterhalten, werden sie Mühe haben, sich gegenseitig zu verstehen, da der Zahlenmensch nicht viel mit der bildreichen Sprache anfangen kann und dauernd auf die »wichtigen« Fakten wartet und dem Bildermensch die ganzen Zahlen, Daten und Fakten nichts sagen und er sie sich vielleicht auch gar nicht merken kann. Beide werden sich unverstanden und vielleicht sogar gelangweilt oder ärgerlich fühlen. Achtet man auf die Wortwahl der Gesprächs-partnerin und deren Art der Gesprächsgestaltung, kann man sich auf deren Welt einstimmen und ihr unter Umständen die Rückmeldung geben, dass man beispielsweise mit den ganzen Daten überfordert ist, und ihr mitteilen, was hilfreich wäre, um die Dinge besser einordnen oder verstehen zu können. Ich bin beispielsweise solch ein Bildermensch. Wenn man mir mehr als drei Daten oder Zahlen nennt, kann ich dem Gespräch nur noch unter großer Anstrengung folgen. Ich fühle mich dann wie ein Jongleur, der zu viele Bälle in der Luft hat. Irgendwann sind es dann wirklich zu viele Daten-Bälle, und mein Hirn schaltet re-gelrecht ab, auch wenn ich noch so gerne zuhören möchte. Was mir hilft, ist beispielsweise ein Oberbegriff, ein Grundthema, eine Problemstellung. Das ist dann so, als würde ich in meinem Geist einen Ordner anlegen, und die ganzen Informationen kön-nen direkt dort hineinfließen. Auf diese Weise brauche ich nicht mehr alles in der Luft zu halten, bis ich es dann irgendwann zuordnen kann. Wenn diese Daten noch mit ein paar bildrei-chen, anschaulichen Beschreibungen gewürzt sind, kann ich mir das Gesagte vorstellen und in Zusammenhang mit den Zah-len oder Daten bringen.

Was für ein Mensch sind Sie? Wie brauchen Sie Informationen, damit Sie etwas verstehen?

Die Übung der Achtsamkeit ist der Schlüssel, um andere zu ver-stehen, mit ihnen in unmittelbaren Kontakt zu treten und selbst verstanden zu werden.

Arbeit

*Arbeit kann uns verkrüppeln und uns sogar umbringen,
aber das ist nur eine Möglichkeit. Arbeit vermag uns
auch Energien zu schenken, die zu besitzen wir uns nie
hätten träumen lassen.*

FRITHJOF BERGMANN[5]

Achtsamkeit und Arbeit schließen sich nicht aus. Achtsamkeit ist nichts, was vor Ihrer Bürotür, Werkstatt, dem Zuhause oder wo auch immer Sie arbeiten, abzulegen ist. Sobald Sie beginnen, Achtsamkeit ernsthaft zu praktizieren, wird Ihr ganzes Leben von dieser Seinsweise durchdrungen. Es ist eine Lebenseinstellung. Der Bereich der Arbeit gehört dazu. Wie lassen sich Arbeit und Achtsamkeitspraxis miteinander verbinden?
Folgende Anregungen können Ihnen helfen, Ihren Arbeitsalltag achtsam zu (er)leben:

- Beginnen Sie den Morgen schon mit einer kurzen Meditation. Dies schafft eine innere Ausrichtung auf die Achtsamkeit für den Tag, der vor Ihnen liegt.
- Planen Sie ausreichend Zeit für die Fahrt zum Arbeitsplatz ein, und schauen Sie, wie es Ihnen geht, wenn Sie sich ganz bewusst dafür entscheiden, etwas langsamer als sonst zu fahren, das Radio auf der Fahrt mal ausgeschaltet zu lassen und Ihren Arbeitsweg bewusst neu zu betrachten, als würden Sie diesen Weg das erste Mal fahren, mit einer neugierigen und offenen inneren Haltung.
- Verbinden Sie sich an jeder roten Ampel mit Ihrem Atem. Spüren Sie ganz bewusst, wie er ein- und wieder ausströmt

und wie Sie sich gerade fühlen. Versuchen Sie, dieses Gewahrsein zu bewahren.

- Machen Sie während der Arbeit alle anderthalb Stunden eine kleine Pause von drei bis fünf Minuten, nehmen Sie Abstand von dem, was Sie gerade tun, indem Sie aufstehen, sich einen Tee kochen oder aus dem Fenster schauen.

- Nehmen Sie zwischendurch immer mal wieder Kontakt zu sich selbst auf, und werden Sie sich Ihres Zustandes ganz bewusst. Sind Sie wach und konzentriert, müde oder dumpf, fühlen Sie sich gestresst oder entspannt? Wie geht es Ihrem Körper, ist er verkrampft oder locker? Zentrieren Sie sich und atmen Sie.

- Nehmen Sie wahr, wenn Sie etwas aus dem Gleichgewicht bringt. Was für Gedanken entstehen dann, wie fühlt sich Ihr Körper an, und was hilft Ihnen, das Gleichgewicht wiederzuerlangen?

- Üben Sie sich in Offenheit, und schauen Sie, was passiert, wenn Sie sich von Ihrem Schubladendenken, Ihrem unreflektierten, automatisch ablaufenden Bewerten verabschieden.

- Rennen Sie während Ihrer Arbeit meist von einem Büro ins nächste? Verlangsamen Sie Ihren Schritt, und gehen Sie, anstatt zu rennen. Schauen Sie, wie sich das auf Ihr Gemüt auswirkt.

- Verabschieden Sie sich von Multitasking. Neuen neurologischen Erkenntnissen zufolge verarbeitet unser Hirn tatsächlich alle eingehenden Impulse nur nacheinander. Also arbeiten Sie gehirngerecht: Erledigen Sie die Dinge nacheinander, statt gleichzeitig.

- Versuchen Sie bei allem, was Sie tun, vollkommen präsent zu sein. Bemerken Sie, wenn Sie abschweifen, und bringen Sie sich sofort in die Präsenz des Augenblicks zurück.

Arbeit macht für die meisten Menschen einen Großteil ihres Lebens aus. Wenn etwas so viel Raum in unserem Leben einnimmt, ist es umso wichtiger, dass wir uns diesen Bereich ganz genau anschauen und uns ihm in Achtsamkeit widmen.

Was bedeutet Arbeit für Sie? Ist sie lediglich eine Möglichkeit, Geld zum Leben zu verdienen, oder ist sie die Erfüllung Ihrer Träume, mit der sich auch noch Geld verdienen lässt? Manchmal scheint uns das Maß der Arbeit vollkommen zu entgleiten, absichtlich oder unabsichtlich. Entweder weil wir gezwungen sind, zu viel zu arbeiten, oder weil unsere Tätigkeit uns gerade sehr fasziniert und wir uns davon gefangen nehmen lassen. Arbeit kann uns glücklich machen, uns Kraft geben, uns zutiefst zufriedenstellen, aber auch das genaue Gegenteil dessen bewirken. Entscheidend sind immer unsere eigene Bewertung der Situation und auch unsere Definition von Maß und Grenze. Bin ich im Einklang mit meiner Kraft, mit meinen Fähigkeiten, mit meiner Zeit und mit meinen Zielen? Habe ich die Tankanzeige meines Organismus im Blick, oder beute ich mich selbst aus? Es ist eine große Herausforderung, das für uns »richtige« Maß zu finden. Unser Körper gibt uns sehr präzise Auskunft darüber – wenn wir ihm denn zuhören. Achtsamkeit hilft uns, das richtige Maß zu finden. Durch die Achtsamkeit werden wir feinfühliger für unsere Belange und die Reaktionen unseres Körpers. Wenn wir diese Reaktionen richtig deuten, sie als hilfreiche Signale sehen, dann können wir mit Fürsorge unser Leben gestalten.

Menschen sind immer dann wirklich gut in dem, was sie tun, wenn sie ihren persönlichen und fachlichen Fähigkeiten entsprechend eingesetzt werden. Diese Erfahrung durfte ich selbst sehr plastisch in meinem eigenen Berufsleben machen. Trotz meines Wunsches, einen kreativen Beruf zu ergreifen, von dem ich überzeugt war, dass er genau meinen Neigungen und Fähigkeiten entsprach, begann meine berufliche Laufbahn mit einer

Ausbildung zur Büroassistentin bei den Stadtwerken Düsseldorf. Die Ausbildungsjahre waren eine Quälerei für mich. Nicht nur, dass der frühe Arbeitsbeginn um sieben Uhr morgens und das damit verbundene sehr frühe Aufstehen um fünf Uhr meinem Biorhythmus widersprach und meinen Körper sehr stresste, auch Tätigkeiten wie Kalkulation, Buchführung und Registratur entsprachen nicht meinen eigentlichen Fähigkeiten und Neigungen. Ich fühlte mich absolut überfordert, dumm und unfähig. Mein Selbstwertgefühl sank auf den Nullpunkt. Ich machte viele Fehler und langweilte mich sehr. Die Tage vergingen zäh, und ab Dienstbeginn wartete ich nur noch auf den Feierabend. Als ich für ein paar Tage aushilfsweise in die Werbeabteilung versetzt wurde, bemerkte ich eine deutliche Veränderung meiner Stimmung, ich spürte Zufriedenheit und Wachheit. Die Arbeit machte mir Spaß, ich war gut, in dem was ich tat, hoch konzentriert und die Zeit verging wie im Fluge. Auch wenn ich in dieser Abteilung nicht bleiben konnte, stand mein Entschluss fest: Ich wollte Werbegrafikerin werden. Obwohl dies bedeutete, wieder von vorne zu beginnen, eine neue Ausbildung zu machen und mich langsam hochzuarbeiten, habe ich den Schritt nie bereut. Ich fühlte mich in den darauf folgenden zwölf Jahren als Grafikerin absolut in meinem Element. Meine Arbeit machte mir Spaß, erschien mir sinnvoll, die Zeit verging rasend schnell, und ich fühlte mich ganz im Leben angekommen.

Mit zunehmendem Alter und Fortschreiten auf einem spirituellen Pfad drängte sich jedoch die Sinnfrage immer mehr in den Vordergrund meiner Aufmerksamkeit. Meine Arbeit ließ sich nicht mehr mit meinen Werten in Einklang bringen. In dieser Zeit entdeckte ich meine Fähigkeit, zu lehren und zu coachen. Zusätzlich nagte die Erschöpfung, ausgelöst durch die hohen Leistungsanforderungen der letzten Jahre, stark an mir. Mit der Zeit häuften sich Fehler, die Kreativität verließ mich, die Tage wurden anstrengend und sehr dunkel. Ein Burnout zwang mich, Bilanz zu ziehen und mich stärker mit meinem Körper, meinen Lebensaufgaben und Fähigkeiten auseinanderzusetzen. Es war wieder einmal Zeit für eine Neuorientierung. Ich besann mich auf meine bisher gemachten Erfahrungen, die Meditation und meine Fähigkeit des Lehrens und Coachens und fasste den Entschluss, mich damit selbständig zu machen. Ich gründete mein Institut in einer Zeit, in der unzählige Firmen pleitegingen, die Arbeitslosenquote in die Höhe schnellte und die Agentur für Arbeit mit dem Konzept der Ich-AG die Arbeitslosenstatistik freundlicher aussehen lassen wollte. Trotz der anfänglichen großen Durststrecke biss ich mich durch und habe diesen Schritt nicht bereut. Meine Kreativität blühte auf, Ideen und Lösungen ergaben sich auf natürliche Weise, und meine Arbeit als Coach, Achtsamkeits- und Meditationslehrerin trug Früchte. Das Leben fühlte sich wieder richtig an, und die Dunkelheit, welche als Depression in Erscheinung getreten war, löste sich langsam auf. Mein berufliches Leben verändert sich auch heute immer noch weiter. Neue Projekte ergeben sich, und ich versuche zu erspüren, was sich jeweils richtig für mich anfühlt.

Ich habe keinen reichen Ehemann, der meine Eskapaden finanziert, sondern trage das volle Risiko meiner Existenz und muss daher sehr wirtschaftlich arbeiten. Das Wirtschaftlichste für mich ist, einfach das zu nutzen, was ich kann und gerne tue, und meine Kraft nicht mit Dingen zu erschöpfen, für die ich kein Interesse aufbringen kann. Buchführung beispielsweise würde mich sehr viel Zeit und Nerven kosten und mich erschöpfen. Meine Steuerberaterin liebt diese Tätigkeit und erledigt sie in kurzer Zeit vollkommen mühelos. Auf diese Weise ergänzen wir uns, und jede übt die Tätigkeit aus, die sie am wenigsten ermüdet und am meisten erfüllt. Die Arbeitszeit, die ich aufwenden müsste, um meine Buchführungs- und Steuerangelegenheiten zu regeln, wäre wesentlich umfangreicher und damit teurer als das Honorar für die Steuerberaterin – von dem Kraftdefizit mal ganz abgesehen. Es ist ein Irrtum zu glauben, wir müssten immer alles können und selber machen. Teamwork ist bereichernd, macht Spaß und schont unser aller Ressourcen. Und es ist ein Irrtum zu glauben, Arbeit dürfe keine Freude machen. Fragen Sie sich selbst, wann Sie am besten in dem sind, was Sie tun? Wenn es Ihnen Freude macht oder wenn Sie es als notwendiges Übel hinnehmen? Natürlich gibt es immer auch Dinge, die einfach getan werden müssen, doch wenn Ihr ganzes Leben nur noch aus solchen Dingen besteht, Sie das Gefühl haben, dass Sie keinen Spielraum mehr haben, alles nur noch aus Zwang, Stress, Ärger und Dunkelheit besteht und Ihnen das Leben und die Freude vollkommen abhandengekommen sind, dann sollten Sie sich ganz genau anschauen, was dahinter steckt, ob Sie wirklich all das tun müssen oder welche Möglichkeiten noch bestehen. Akzeptanz, Geduld, Gelassenheit und Neugier können uns helfen, durch solche Zeiten aktiv hindurchzugehen, die kleinen Nischen und Freiräume zu erkennen und zu nutzen, und uns wieder in Kontakt mit dem Leben bringen – manchmal braucht es aber auch eine mehr oder weniger radikale Veränderung der Situation.

Achtsamkeit hilft uns, in Kontakt zu bleiben mit unseren Fähigkeiten, Wünschen und den Veränderungen unseres Lebens. Während wir vielleicht manchmal das Gefühl haben, keine andere Wahl zu haben, zeigt uns die Achtsamkeit unsere Gestaltungsmöglichkeiten auf. Wir können an einer Anforderung zerbrechen oder daran wachsen. Die Entscheidung liegt bei uns. Bleiben wir in Kontakt mit uns selbst und unserem feinen Messinstrument Körper, können wir beginnen, unser Leben eigenverantwortlich zu gestalten. Jede Entscheidung, die wir treffen, wird jedoch auch Konsequenzen nach sich ziehen. Eine wichtige Frage ist dabei stets: »Bin ich bereit, die Konsequenzen zu tragen?« Wenn wir dazu bereit sind, können wir alles in unserem Leben gestalten. Häufig höre ich von Menschen die Sorge, sie wären zu alt, um ihrem Leben noch einmal eine neue Wendung zu geben. Ein absolutes Totschlag-Argument ist auch die Bemerkung, die Arbeitsmarktlage sei zu schlecht, und es wäre ein zu hohes Risiko, einen sicheren Job zu kündigen. Heutzutage ist kein Arbeitsplatz mehr sicher, auch wenn man sich noch so anstrengt. Gestern noch schrieb mir eine Freundin, die in einem großen Chemiekonzern arbeitet, dass ihr ganzer Arbeitsbereich mit einer Belegschaftszahl von vierhundert Angestellten von heute auf morgen aufgelöst wurde. Alle haben sicherlich engagiert gearbeitet. Manche werden innerhalb der Firma anderweitig beschäftigt, andere müssen gehen. Also, Eigeninitiative ist gefragt, und genau dazu möchte ich Sie ermutigen: Es ist nie zu spät, das Leben in die Hand zu nehmen. Die meisten von uns müssen arbeiten, um Geld für den Lebensunterhalt zu verdienen, doch trotzdem oder vielmehr genau darum: Tun Sie sich selbst den Gefallen und leben Sie! Denn Arbeit ist auch Leben. Und das Leben bewegt sich immer nach vorne. Es verändert sich dauernd, und jegliches Klammern an alten Dingen behindert die natürliche Gestaltungskraft. Es wäre in der Tat Zeitverschwendung, wenn Sie Ihre täglich zu verrichtende Arbeit aus Ihrem Leben ausklammerten, weil sie Ihnen keine Freude macht, und Sie stattdessen sich von einem Urlaub zum nächsten träumend auf die Rente warteten. Damit schrumpft Ihr Leben auf weniger als die Hälfte der Zeit. Wollen Sie das? Wenn nicht, sollten Sie überlegen, was sich ändern würde, wenn Sie Ihrer Arbeit und sich selbst mit Achtsamkeit begegneten. Vielleicht entdecken Sie einen neuen Sinn in Ihrer alten Tätigkeit oder nehmen sie ganz bewusst als Übungsfeld für Achtsamkeit, Geduld und die Kultivierung von Gelassenheit, Liebe und Mitgefühl. Vielleicht bemerken Sie aber auch, dass Sie seit

Jahrzehnten einen Job machen, der gar nichts mit Ihnen zu tun hat, der Ihnen keine Freude bereitet und der Sie unglücklich macht. Möglicherweise bemerken Sie in sich den Glaubenssatz, dass es sich nicht gehört, den einmal gewählten Lebensweg zu verlassen. Vielleicht hören Sie sich auch mit der Stimme Ihrer Eltern sagen: *»Schuster bleib bei deinen Leisten«*, oder *»Du kannst nichts, du bist nichts und du hast auch nichts zu wollen.«* Doch das sind Glaubenssätze, sie sind keine Realität. Sie können jederzeit noch einmal neu beginnen. Es liegt bei Ihnen. Was waren Ihre Lebensträume? Was wollten Sie mal werden? Nicht immer muss man alles komplett hinschmeißen, manchmal reichen kleine Modifikationen.

Vielleicht arbeiten Sie als kaufmännische Angestellte in einem kleinen Unternehmen, das ein Zulieferbetrieb für eine Autofirma ist, mitten in einem schmucklosen Industriepark im Nirgendwo. Der Job ist nicht besonders schlimm, aber auch nicht besonders interessant. Er ist irgendwie neutral. Sie wollen ja nicht viel, eigentlich nur Geld verdienen. Jetzt frag ich Sie, was Sie schon immer fasziniert hat in Ihrem Leben? Vielleicht Reisen? Sie haben sich schon immer für andere Länder interessiert und lieben die Atmosphäre auf Flughäfen. Ihre Englischkenntnisse haben Sie seit Ihrer Schulzeit bemerkenswert gepflegt und erweitert. Ihr größter Wunsch war es einmal, Reiseführerin oder Flugbegleiterin zu werden, doch wie das Leben manchmal so spielt, Sie gründeten eine Familie und damit änderten sich auch Ihre Prioritäten. Jetzt sind Sie 51 Jahre alt, Ihre Kinder sind erwachsen. Eigentlich wäre nun einiges wieder möglich. Mögen Sie Ihrem Traum nicht einfach mal gedanklich etwas näherrücken? Wie wäre es, wenn Sie sich um einen Arbeitsplatz bei einem Reisebüro, einer Fluggesellschaft oder auf dem Flughafen bewerben würden? Vielleicht gibt es auch interessante Stellen bei einem Reiseveranstalter, wo Sie Ihr Organisationstalent und

Ihre Kreativität in der Organisation von Reisen mit einfließen lassen können und die Möglichkeit haben, auch selbst zu reisen. Überlegen Sie: Es sind immerhin noch ein paar kostbare Jahre Ihres Lebens, bis Sie die Rente genießen dürfen! Sie könnten in einem Arbeitsumfeld arbeiten, das Sie anspricht, und Vorgänge bearbeiten, die Sie sehr wahrscheinlich wesentlich mehr interessieren als die Ihrer jetzigen Tätigkeit. Es kann einfach eine Überlegung wert sein. Auch wenn sich der Jugendtraum, aus welchen Gründen auch immer, nicht so umsetzen lässt, sich dem Traum anzunähern, schafft häufig schon eine größere Zufriedenheit und Sinnhaftigkeit unseres Tuns.

Vor einigen Wochen kam eine 54 Jahre alte Frau zu mir in die Beratung. Sie hatte auf zweitem Bildungsweg ihr Studium der Religionswissenschaften und der Germanistik abgeschlossen. Ihr Traum war es, Bücher zu schreiben, doch sie hatte Angst, auch nur einen Stift in die Hand zu nehmen, sobald sie vor einem leeren Blatt Papier saß. Darüber hinaus fühlte sie sich schon recht alt für einen Neuanfang. Wir überlegten gemeinsam, welche berufliche Laufbahn sie einschlagen könnte. Bücher faszinierten sie, und unser Weg führte uns von dem Beruf der Buchhändlerin, zur Café-Besitzerin mit integriertem Buchladen, Religionslehrerin bis hin zur Lektorin für Autoren und Verlage religiöser Themen. Hier leuchteten ihre Augen auf. Dies war das Richtige. Auch wenn sie selbst unter einer Schreibblockade litt, wollte sie wenigstens an der Entstehung von Büchern mitwirken. Sie entschloss sich, den Beruf der Lektorin, angestellt oder freiberuflich, was auch immer sich ergeben würde, auszuüben. Voller Tatendrang verließ sie mein Büro. Ein paar Wochen später traf ich sie wieder. Sie hatte bereits erste Kontakte geknüpft, hatte Bewerbungen laufen, führte Gespräche mit anderen Lektorinnen, strahlte und fühlte sich bestätigt in ihrer Berufswahl. Freudig verwundert gestand sie mir außerdem, dass sich ihre

Schreibblockade auf einmal aufgelöst habe. Es seien in der Zeit bereits drei spontane Gedichte entstanden, eine Kurzgeschichte und eine Idee für ein mögliches Buchprojekt. Das Leben kam in Fluss. Und hier setzt Arbeit tatsächlich ungeahnte Kräfte in uns frei, wie es der Arbeitswissenschaftler und Autor Frithjof Bergmann so treffend in seinem Buch *Neue Arbeit, Neue Kultur* beschreibt.

Achtsamkeit kann uns helfen, an diese Kraftquelle Arbeit heranzukommen und sie tatsächlich zu nutzen. Indem wir hinschauen, was wir tun, uns ganz darauf einlassen und die Arbeit zu einem Teil unseres Lebens werden lassen und nicht nur arbeiten, um zu (über)leben. Spüren Sie Ihrem Traum nach, betrachten Sie ihn aufmerksam und setzen Sie ihn in einen realistischen Zusammenhang mit Ihren Fähigkeiten, Wünschen und Ihrem Umfeld. Was müssten Sie lernen, um diesen Beruf zu ergreifen? Welche Schritte wären dann zu gehen? Welche Konsequenzen wären damit verbunden, und sind Sie bereit, die Konsequenzen zu tragen? Welche Schwierigkeiten könnten auftreten, und wie könnten diese Schwierigkeiten verhindert oder aufgelöst werden? Über welche Fähigkeiten verfügen Sie sonst noch, die hilfreich für Ihr Vorhaben sind? Wo finden Sie Unterstützung? Welche Alternativen oder sonstige Möglichkeiten gibt es, Ihrem Traum näherzukommen, auch wenn Sie Ihren Traumberuf nicht ergreifen können? Wie fühlen Sie sich, wenn Sie an Ihren möglichen neuen Beruf denken oder die mögliche Veränderung Ihrer Arbeitssituation? Was passiert in Ihrem Körper, in der Muskulatur und in der Aufrichtung Ihrer Wirbelsäule? Lassen Sie diese Überlegungen ruhig einmal zu, besonders wenn Sie in einer Situation sind, in der Sie sich vielleicht in die Enge getrieben fühlen und keinen Ausweg sehen. Sie entscheiden, was Sie tun wollen. Dieses Verständnis schafft ein neues Selbstbewusstsein und tatsächlich eine neue Kultur der Arbeit.

Grenzen

Grenzen einzuhalten und wahrzunehmen ist für viele Menschen ein Buch mit sieben Siegeln. Kennen Sie Ihre Grenzen? Halten Sie sich selbst daran? Respektieren andere Ihre Grenzen, oder sind diese über Ihre Grenzen informiert? Nein? Dann könnte dieses Kapitel für Sie interessant werden.

Häufig kommen vollkommen erschöpfte Frauen in meine Praxis, die sich fragen, warum es ihnen so geht. Ohne an dieser Stelle eine Diskussion über die Unterschiede von Frauen und Männern führen zu wollen, es ist einfach immer noch so, dass sehr viele Frauen, auch in der jüngeren Generation, dazu erzogen worden sind, ihre eigenen Bedürfnisse hintanzustellen. Bestimmte Werte werden meistens unreflektiert von Generation zu Generation weitergegeben. Das ist keine böse Absicht unserer Eltern. Vielleicht ertappen Sie sich auch ab und zu dabei, dass Sie so sprechen wie Ihre Mutter oder Ihr Vater? Das ist deren Vermächtnis an uns. Doch wir haben es in der Hand, was wir mit diesen Erbstücken machen. Hilfreich ist hier die Achtsamkeit! Erst wenn ich merke, was passiert und wie ich reagiere, erst dann kann ich entscheiden, wie es weitergehen soll. Und wenn meine Erziehung bisher so war, dass ich mich und meine Bedürfnisse hintangestellt habe, heißt das nicht, dass es mein Leben lang so weitergehen muss.

Wenn Sie bemerken, was passiert, können Sie es ändern. Sie bemerken vielleicht schon länger, dass Ihnen Ihre Kraft verlorengeht, dass Sie in Ihrem Leben zu wenig eigene Wünsche verwirklichen und andere Menschen in Ihrem Leben viel mehr Raum einnehmen als Sie selbst. Vielleicht melden sich schon seit längerem Rücken- oder Kopfschmerzen, dauernde Erkältungen, Stimmungsschwankungen und Erschöpfungsgefühle.

Ihr Akku wird immer leerer. Keiner scheint Rücksicht auf Sie zu nehmen, jeder macht, was er will, und versucht das meiste für sich rauszuschlagen. Das kann im Beruf, aber auch im Privatleben sein. Vielleicht kommt Ihnen der Gedanke *»Immer ich!«* bekannt vor? Woher sollten aber andere Menschen wissen, was unser Maß ist? Wer sich hier auf Telepathie oder die Intuition anderer verlässt, ist vollkommen auf dem Holzweg. Es wird sich nichts zu unseren Gunsten ändern, wenn wir nichts ändern. Kein Arbeitgeber wird auf unsere Grenzen achten, wenn wir es nicht selbst tun. Kein Partner kann uns unsere Grenzen von der Stirn ablesen, ohne dass wir sie kommunizieren und selbst dafür Sorge tragen. Die meisten Menschen in Unternehmen glauben, der Chef müsse wissen, wann das Maß an Arbeit voll ist, und sehen nicht, dass der Chef in der Regel mit ganz anderen Dingen beschäftigt ist, und in den seltensten Fällen einen konkreten Überblick über die Arbeitsbelastung jedes Einzelnen hat. Er ist also darauf angewiesen, dass die Mitarbeiter ihm ein konkretes Feedback geben und auf sich selbst aufpassen.

Genauso verhält es sich in Familien oder Beziehungen. Wenn niemand die eigenen Grenzen kommuniziert und dafür sorgt, dass sie eingehalten werden, woran soll sich das Gegenüber orientieren? Bedenken Sie: Das, was wir vorleben, übernehmen unsere Kinder. In dem Maß, wie wir ein natürliches Gespür für unsere eigenen Grenzen entwickeln und diese angemessen und klar vertreten, inspirieren wir auch unsere Kinder, ein Gespür für ihre eigenen Grenzen zu entwickeln und sie zu vertreten.

Auch im Büro ist dies möglich. In einer Agentur war es üblich, jeden Tag Überstunden zu machen, das war vollkommen normal. In der Regel saßen die Angestellten an normalen Tagen dort bis neun oder zehn Uhr abends. Diese Überstunden hatten allerdings einen Hintergrund: Mit schöner Regelmäßigkeit wurde der Chef erst gegen halb sechs, kurz vor dem offiziellen Feierabend, aktiv. Layouts wurden korrigiert und es wurde noch schnell eine Besprechung anberaumt mit der Konsequenz, den Rest des Abends mit den aufgebrummten Änderungswünschen zu verbringen, da der Kunde am nächsten Morgen die fertigen Layouts haben wollte.

Irgendwann entschloss sich einer der Grafiker, dieses Verhalten nicht mehr mitzutragen, da er den ganzen Tag über ansprechbar und änderungswillig war, und sich seine Arbeitsmotivation am frühen Abend gegen null bewegte. Sein offenes Bekunden, dass er jetzt einen wichtigen Termin habe und den Abend nicht mit Überstunden verbringen könne, stieß erst auf Überraschung, dann auf Protest. Doch er ging.

Manchmal blieb er in den darauf folgenden Tagen ein oder zwei Stunden länger, doch er begann darauf zu achten, seine eigenen Termine nicht mehr zu vernachlässigen. Kolleginnen und Kollegen fühlten sich inspiriert und fingen auch damit an, ihre Termine einzuhalten und ihre Freizeit wieder zu gestalten. Nach einiger Zeit des langsamen Zurückschraubens der Überstunden und konsequenten Nein-Sagens begann auch der Chef seinen Tag so zu strukturieren und zu organisieren, dass das Tagesgeschäft tatsächlich auch am Tag erledigt werden konnte und nicht noch in den Abend getragen werden musste. Irgendwann kam dann der Moment, an dem der Chef früher in den Feierabend ging als seine Angestellten und offensichtlich von seinen freien Abenden profitierte. Die Angestellten auch, denn seine Laune und Ausgeglichenheit verbesserten sich merklich.

Achtsamkeit kann helfen, Grenzen überhaupt erst einmal wahrzunehmen und daraufhin auch angemessen zu kommunizieren, mit dem Ergebnis, dass diese Grenzen dann bekannt sind, mit der größtmöglichen Chance, sie auch einhalten zu können.

Die Arbeit beginnt bei uns, nicht bei den anderen. Unsere Aufgabe ist es, die eigenen Grenzen erst einmal ausfindig zu machen, zu überprüfen und vielleicht sogar neu zu definieren. Hier hilft eine achtsame, bewusste und aufmerksame Betrachtung unserer Lebenssituationen und unserer körperlichen sowie geistigen Regungen.

Beginnen Sie sich in Ihrem Alltag aufmerksam zu beobachten, vollkommen wertneutral, es geht hier nicht um richtig oder falsch, sondern um eine Bestandsaufnahme. Was gefällt Ihnen, was bereitet Ihnen Unbehagen? Wie drückt sich Ihr Körper in solchen Situationen aus, vielleicht mit Schmerz oder mit Wohlbehagen? Beobachten Sie! Empfinden Sie sich als »Mädchen für alles«? Wie reagieren Sie, wenn andere Ansprüche an Sie stellen, die Ihnen nicht gefallen oder für die Sie keine Zeit haben? Gehen Sie auf die Forderungen zähneknirschend ein oder können Sie auch »nein« sagen?

Welche Gefühle löst es bei Ihnen aus, wenn Sie tatsächlich einmal »nein« sagen. Entsteht vielleicht Angst? Angst davor, nicht mehr anerkannt oder geliebt zu werden? Das ist ganz wichtig wahrzunehmen, denn diese Gefühle geben Aufschluss über die Muster, in denen wir meist schon seit unserer Kindheit feststecken und die all unsere Reaktionen von Hoffnung und Furcht beeinflussen.

Was wäre das Schlimmste, was Ihnen dann in dem Moment passieren könnte? Machen Sie sich das bewusst, und schauen Sie, ob das tatsächlich realistisch ist. Bringen Sie Ihre Angst aus der Kindheit in Bezug zu Ihrer heutigen Situation. Sie sind erwachsen und dürfen selbst entscheiden, wie es weitergeht. Sie sind nicht mehr hilflos. Entwickeln Sie beispielsweise einen alternativen Plan für diese schlimmste Befürchtung. So gewinnen Sie Autonomie über Ihre alten Befürchtungen und Muster. Diese verlieren ihre Macht über Sie und können Sie nicht länger in destruktiven Verhaltensmustern gefangen halten.

Dann machen Sie sich klar, was Ihr ganz persönliches Maß ist, mit dem Sie sich wohl fühlen und das Sie für angemessen halten. Woran würden Sie bemerken, dass Ihre Grenze, Ihr Maß, eingehalten wird, und woran würden Sie merken, wenn diese Grenze überschritten ist? Wie würden Sie sich fühlen, was würden Sie denken? Und was können Sie tun, damit Ihr Umfeld die Chance bekommt, diese Grenze, Ihr Maß, zu erkennen und zu respektieren, und wie stellen Sie das Einhalten Ihrer Grenze sicher? Was gewinnen Sie für sich, wenn Sie diese Grenze, Ihr Maß, einhalten?

Arbeiten Sie diese Fragen für sich aus, und setzen Sie sie langsam Schritt für Schritt um. Wenn man noch nie für seine eigenen Belange und Grenzen eingestanden hat, ist es eine große Herausforderung, damit anzufangen. Aber, es ist nie zu spät und wird sich langfristig positiv auf Ihren Energiehaushalt und Ihre Klarheit auswirken.

Die Schulung Ihrer Achtsamkeit und Ihr Wissen darum, was Sie wollen und was Sie brauchen, sind Ihr wichtigstes Rüstzeug. Dieses gibt Ihnen die Möglichkeit, immer wieder Ihre Grenzen zu überprüfen und zu definieren und sich selbst wieder in die Balance zu bringen.

Partnerschaft

Wenn die Liebe euch ruft, folgt ihr. Auch wenn ihre
Pfade beschwerlich und steil sind ... Denn so wie die
Liebe euch krönt, wird sie euch kreuzigen. So wie sie
euer Wachstum befördert, stutzt sie auch euren Wild-
wuchs ... Sie drischt euch, um euch zu entblößen. Sie
siebt euch, um euch von eurer Spreu zu befreien. Sie
mahlt euch blütenweiß. Sie knetet euch, bis ihr ge-
schmeidig seid ...

KHALIL GIBRAN[6]

Partnerschaft ist ein ideales Übungsfeld, um Achtsamkeit zu
kultivieren, unsere destruktiven Muster und Tendenzen aufzulösen und ganz wach zu werden.

Achtsamkeit kann helfen, unserer Beziehung mehr Tiefe und
Echtheit zu verleihen. Sie vermag uns zu unterstützen, wirkliche
Liebe und Mitgefühl zu entwickeln, die frei von jeglichem
Selbstbezug sind. Es braucht viel Mut, sich wirklich auf eine
Partnerschaft einzulassen, die tragfähig ist. Denn dann haben
wir nicht das Hintertürchen der schnellen Trennung, weil es mal
wieder nicht gepasst hat. Schwierigkeiten meistern zu können
ist das Fundament, auf dem stabile Partnerschaften stehen. Dazu
brauchen wir viel Achtsamkeit. Das bedeutet auch, unseren Gewohnheiten des Flüchtens, Angreifens und der Rechtfertigung
nicht mehr nachzugeben, sondern die Dinge so anzunehmen,
wie sie wirklich sind. So können wir beginnen, uns in der Beziehung zueinander zu entwickeln.

Wenn wir in Kontakt mit unseren Ängsten und Neurosen, Aus-
weichmanövern und Angriffstaktiken kommen, die nur dazu
dienen, unseren inneren, weichen, verletzlichen Kern zu schüt-

zen, und zulassen können, dass dieser weiche Kern berührt werden darf, dann wird wahre Entwicklung möglich. Denn hier liegt unser wahrer Schatz: unsere Fähigkeit, mitfühlend und wahrhaft zu lieben. Wie Trungpa Rinpoche treffend sagte: »Ein gebrochenes Herz ist ein berührbares Herz. Es ist aufgebrochen und damit weich und berührbar geworden.«

Bevor ich meinen jetzigen Partner kennenlernte, hatte ich bereits einige Beziehungen erlebt, litt an mehrfach gebrochenem Herzen und war sehr erschöpft. Aus Angst vor Schmerz und Verletzungen zog ich mich von allem und allen zurück und richtete mir mein Leben so ein, dass es darin im Wesentlichen nur mich und meine Familie gab. Ich wurde zu einer Eremitin. Obwohl mein Leben sehr sicher war, kam der Tag, an dem ich erkannte, dass ich mich meinen Dämonen stellen musste, wollte ich nicht mein Leben lang jeglichen tiefen Kontakt zu meinen Mitmenschen vermeiden. Erst wenn man sich entscheidet zu fallen, kann man das Fliegen lernen. Dann lernte ich meinen jetzigen Partner kennen. Die Praxis der Achtsamkeit ermöglichte mir, im unmittelbaren Kontakt mit mir und diesem neuen Menschen in meinem Leben zu bleiben. Meine Fluchttendenzen waren sehr stark, ebenso meine Angriffsneigungen, denn er drückte alle meine wunden Punkte mit einer Präzision, die nur Menschen haben, die einem sehr nahe stehen. Doch statt den Impulsen nachzugeben, versuchte ich Worte zu finden, sprach mit ihm über meine Ängste, Verletzungen und was mich bewegte. Unser gegenseitiges Verständnis füreinander wuchs und mit ihm das Vertrauen. Meine Wunden heilten. Er sagte mir irgendwann später, dass es für ihn war, als hätte er ein ängstliches, wildes Tier gezähmt, allein durch sein Präsentsein.

So, wie wir einen Spiegel brauchen, um den Schmutz in unserem Gesicht zu erkennen, brauchen wir einen anderen Menschen, der uns auf die Punkte aufmerksam macht, an denen wir noch zu arbeiten haben.

Das Kultivieren von Liebe und Mitgefühl ist in diesem Zusammenhang besonders wichtig, denn sonst richten wir bei uns selbst und bei unserem Partner großen Schaden an. Das Entdecken der Schwächen und Verletzungen sollte getragen sein von einem tiefen Annehmen, einer tiefen Akzeptanz der Person, die wir lieben. Es geht nicht um ein Bloßstellen, darum, uns unsere Schwächen gehässig unter die Nase zu reiben oder uns anschließend zu vergleichen, wer besser oder schlechter ist. Es geht um das bedingungslose Annehmen der Person, die wir lieben, und darum, sie zu lieben, wie sie ist. Sie darf sich entwickeln. Aber auch das ist ihr freigestellt und keine Bedingung.

Achtsamkeit in einer Beziehung zu leben heißt, unserem Zusammensein eine Bedeutung einzuräumen. Zeiten des Rückzugs gehören genauso dazu wie Zeiten des Zusammenseins. Wir lassen den anderen an unserer Entwicklung, an dem, was uns beschäftigt, teilhaben. Es ist oft eine Herausforderung, die richtigen Worte für innere Vorgänge zu finden, uns dem anderen verständlich zu machen.

Wie viele Paare sprechen nicht über das, was sie wirklich beschäftigt. Missverständnisse entstehen, und mit der Zeit entfernen sie sich – ungewollt, so, wie dies bei einem nicht mehr ganz jungen Paar, welches zu mir in den Achtsamkeits-Kurs kam, der Fall war. Sie sprachen seit Jahren nicht mehr wirklich miteinander. Erst durch den Kurs und die damit verbundene lange Fahrzeit im Auto begannen sie, sich vorsichtig wieder einander anzunähern. In ihren Gesprächen erfuhren sie voneinander, dass die Totgeburt ihres gemeinsamen Kindes sie in tiefe Trauer gestürzt hatte und beide glaubten, der andere würde die Trauer und die Schuldgefühle nicht verstehen. Dies stand wie eine Mauer zwischen ihnen, und als sie anfingen, darüber zu sprechen, begann die Mauer zu bröckeln und sie fanden wieder zueinander.

Viele Probleme in Partnerschaften ergeben sich aus Missverständnissen, gekränkter Eitelkeit und unerfüllbaren Erwartungen. Sich auf telepathische Fähigkeiten zu verlassen, nach dem Motto, »der andere wird schon wissen, wie es mir geht, er muss doch was merken«, reicht einfach nicht aus.

Kommen Sie in Kontakt mit sich selbst, und beginnen Sie Worte für die Dinge zu finden, die Sie beschäftigen, und teilen Sie sich mit. Beginnen Sie, gemeinsame Zeiten des Austauschs und Miteinanderredens zu vereinbaren, vielleicht bei abendlichen Spaziergängen oder dem gemeinsamen Abendessen. Pflegen Sie Freundschaften, die Sie beide nähren und Ihnen Spaß bereiten. Finden Sie ein Hobby, dem Sie gemeinsam nachgehen, und eine andere Aktivität, die Sie alleine ausüben. So haben Sie etwas, worüber Sie sich zusätzlich austauschen können, etwas, das nicht mit Ihrer Arbeit, mit Problemen oder den Kindern zu tun hat, sondern nur mit Ihnen selbst. Finden Sie Zeiten des Alleinseins zum Auftanken und Zeiten der Gemeinsamkeit für Erlebnisse, Freude und Zärtlichkeit.

Wenn Sie merken, dass eine Unstimmigkeit oder ein Missverständnis da ist, bereinigen Sie es sofort, bevor es größer wird. Achten Sie darauf, dass Situationen nicht eskalieren und konstruktiv und für beide Seiten zufriedenstellend gelöst werden können.

Bemerken Sie, wenn Sie vorschnell bewerten und in ein Schubladendenken verfallen. Es ist hilfreich, sich stets der Eigenverantwortlichkeit bewusst zu sein; so können Schuldzuweisungen vermieden werden, und jeder kann aus der eigenen Position heraus zum Gelingen der Partnerschaft, dem Lösen von Konflikten und der Gestaltung des gemeinsamen Lebens beitragen.

Partnerschaft bedeutet Kompromisse zu schließen, jedoch nicht um jeden Preis. Bleiben Sie in Kontakt mit Ihren Bedürfnissen, und überprüfen Sie, wie weit Sie gehen möchten, ohne sich selbst untreu zu werden. Vergewaltigen Sie sich nicht selbst, indem Sie Dinge nur um des lieben Friedens willen tun, denn das rächt sich auf die eine oder andere Weise. Sie werden sich wahrscheinlich ärgern und sich nicht wertgeschätzt fühlen, keine Freude empfinden und vielleicht später emotional unangemessen reagieren, sich möglicherweise zu Schuldzuweisungen hinreißen lassen oder sich selbst beschimpfen. Sollten Sie überlegen, einen Kompromiss einzugehen, der Ihre Grenzen vollkommen überschreitet, sprechen Sie darüber mit freundlichen und klaren Worten. So wird ein Ausgleichsangebot möglich.

Finden Sie Zeiten für gemeinsame Meditation. Es ist sehr verbindend, miteinander zu sitzen, zu praktizieren und sich gegenseitig in der Entwicklung zu unterstützen und zu fördern. Krisen lassen sich leichter überstehen und schöne Momente intensivieren. Achtsamkeit und Meditation werden so zu einem kraftvollen Anker, der Sie stabilisiert, und zu einer Basis, auf der Sie immer wieder einen Weg zueinander finden können – was auch immer passiert.

Kinder

Kinder haben einen natürlichen Zugang zur Achtsamkeit. Es fällt ihnen viel leichter als Erwachsenen, Achtsamkeit zu kultivieren. Je älter sie werden, umso mehr verliert sich diese Qualität, wenn sie nicht weiter gefördert wird. Auch sie beginnen dann im Autopilot-Modus zu leben, häufig dadurch, dass ihre Eltern sie zu Schnelligkeit, Präzision und Produktivität erzogen haben.

»Sitz nicht einfach so herum, tu was!« Viele der heutigen Erwachsenen sind mit diesem Satz groß geworden und geben ihn meist recht unreflektiert an ihre Kinder weiter. Daraus erwächst eine ziellose Produktivität, die jegliches Innehalten – Muße – verhindert. So erzogene Kinder werden potenzielle Stress-Kandidaten im späteren Leben. Die Anweisung der Achtsamkeit wäre: *»Tu nicht einfach etwas, setz dich mal hin. Komm zur Ruhe.«* Viele Kinder sind heute schon so gestresst wie ihre Eltern. Ihr Terminkalender ist voll, ihr Tag total verplant, so dass kaum noch Zeit für Ruhe, Spielen, Freunde und Träumen bleibt. Sie hetzen vom Judo zum Fußball, vom Fußball zum Musikunterricht und dann noch zur Sprachförderung. Hausaufgaben müssen noch gemacht und für die Klassenarbeit muss auch noch gelernt werden.

Die Kultivierung der Achtsamkeit kann wieder Ruhe in den hektischen Alltag bringen, Kindern Geborgenheit schenken, in bedingungsloser Annahme, die losgelöst ist von jeglicher Produktivität. Das Gefühl, so sein zu dürfen, wie ich bin, ist ein prägendes Erlebnis, welches entscheidende Auswirkungen auf die Zufriedenheit, das Selbstvertrauen und die eigenverantwortliche, selbständige Lebensgestaltung hat. Wenn wir es schaffen, unseren Kindern das Vertrauen in ihr eigenes Gutsein, in ihre eigenen Wahrnehmungen und Fähigkeiten zu geben, dann haben unsere Kinder die Chance, mit sich im Einklang, ein selbstbestimmtes Leben zu führen, in dem sie mit sich in einem authentischen Kontakt stehen, ihre Grenzen erkennen und eigenverantwortlich mit ihrer Kraft und ihren Wünschen umgehen können. Sie haben Respekt nicht durch Angst erlernt, sondern durch Wertschätzung, die tiefer und unerschütterlicher ist als der anerzogene Respekt durch Autorität. So haben sie die Chance, ihr Leben als selbstbestimmbar und harmonisch zu erleben.

Unterstützen Sie Ihr Kind, wo immer Sie können, Zeiten der Ruhe und Einkehr zuzulassen. Es ist möglich, Kinder für die Signale ihres Körpers zu sensibilisieren und gemeinsam zu überlegen, was sie bedeuten und sagen wollen. Ermutigen Sie Ihr Kind, seinen Bedürfnissen nachzugehen und Verantwortung für sich und sein Handeln zu übernehmen. Sprechen Sie mit Ihrem Kind, wie sich Wut anfühlt oder auch Trauer, und fragen Sie es, was es sich im jeweiligen Fall wünschen würde, was ihm helfen könnte, damit umzugehen. Sprechen Sie über die unterschiedlichen Arten, mit Emotionen umzugehen. Vielleicht hat Ihr Kind Interesse daran, Meditation oder Yoga mitzumachen. Meditation kann Kindern eine leicht zu erlernende Hilfe sein, Zeiten der Ruhe für sich zu kultivieren, sich wieder mehr Raum zu schaffen und sich selbst zu verstehen.

Alleinsein

Nur wenn wir uns selbst nahekommen, können wir auch anderen erlauben, uns nahezukommen. Es ist wichtig, dass wir uns immer wieder Zeiten des Rückzugs und des Alleinseins reservieren. Dies sind Zeiten, in denen wir auf die feinen Töne in uns selbst hören, in denen wir uns selbst zuhören und still werden. Während wir sonst vielfach damit beschäftigt sind, den Ansprüchen und Wünschen anderer zu entsprechen, sind Zeiten des Alleinseins für uns Zeiten der Selbstnährung und Besinnung. Sie sind genauso notwendig wie Essen und Trinken. Manche werden es vielleicht als egoistisch abtun, sich selbst Zeit einzuräumen. Manche, insbesondere Frauen (ja, auch heute noch!), sind nicht so erzogen worden, auf ihren eigenen Raum zu achten. Für einige ist es sogar etwas ganz Neues. Ich erlebe dies immer wieder in meinen Seminaren. Jedoch nach anfänglichen Schwierigkeiten mit der bloßen Vorstellung eines Rückzugs und Überlegungen ob dessen Nützlichkeit und der Frage, in wieweit man überhaupt das Recht auf eigene Zeit habe oder ob dadurch vielleicht die komplette Familie, den Freundeskreis oder den Partner in große Probleme gestürzt werde, stellen genau diese Menschen fest, dass sie sich nach einer solchen Auszeit wesentlich ausgeglichener und zufriedener fühlen. Und so wird diese anfänglich als egoistisch abgetane Neuerung auf einmal nutzbringend für das gesamte Umfeld. Die Kinder werden ruhiger, Konflikte minimieren sich, Beziehungen und Freundschaften leben auf, und selbst die Krankheitsanfälligkeit sinkt. Manchmal allerdings lösen sich Freundschaften auch auf. Das passiert, wenn diese Freundschaften nicht auf dem gesunden Fundament der Freundschaft stehen, sondern rein egoistisch und oberflächlich motiviert waren. Einer echten Freundschaft kann der Rückzug nichts anhaben.

Jeder Mensch erlebt eine solche Zeit des Alleinseins anders, und doch berichten alle, dass diese Zeit positive und weitreichende Auswirkungen hat. Es ist eine Zeit, die wir wirklich nur mit uns selbst verbringen. Wir können in dieser Zeit meditieren oder einfach nur rumsitzen, spazierengehen oder unserer Kreativität freien Lauf lassen. Wichtig ist, dass wir dies nur für uns tun, in vollkommener Bewusstheit, sonst nichts.

Achtsamkeit bedeutet, uns selbst wieder Raum zu geben. Raum für Entfaltung, Raum zum Einfach-so-Sein.

Es mag Zeiten geben, in denen wir willentlich oder unwillentlich alleine sind. Vielleicht haben wir das Alleinsein bewusst gewählt. Vielleicht sind wir aber auch ohne unser Einverständnis verlassen worden. Wie auch immer. Der Zustand des Alleinseins ist ein natürlicher Zustand. Auch wenn der Mensch ein »Rudeltier« ist. Im Grunde sind wir immer alleine und waren es schon immer. Auch wenn uns Menschen, die wir lieben, die Hand halten, mit uns das Bett und das Leben teilen, trotzdem sind wir, wenn wir auf dem Zahnarztstuhl des Lebens sitzen, alleine. Es ist gut, sich mit dem Alleinsein anzufreunden, um nicht in Verzweiflung zu verfallen, wenn es Zeiten geben wird, die wir alleine durchzustehen haben.

Alleine sein ist nicht gleichzusetzen mit einsam sein. Es sind zwei grundverschiedene Daseinszustände. Wir können mit Menschen eng zusammenleben, ein großes Netz an Freunden haben und doch der einsamste Mensch auf der ganzen Erde sein.
Eine meiner Freundinnen hat sich gerade von ihrem Partner getrennt und sie beschrieb mir, dass sie sich noch nie in ihrem Leben so einsam gefühlt habe wie in den letzten Monaten ihrer Beziehung. Jetzt, nach der Trennung, geht es ihr wesentlich besser. Sie fühlt sich viel verbundener und wieder mehr im Kontakt mit sich und ihrer Umwelt. Sie sagt, sie fühle sich, als wäre das Leben wieder zurückgekommen, sie habe sich vorher fast wie tot gefühlt, vollkommen abgeschnitten von allem. Obwohl sie nun alleine in ihrer Wohnung wohnt und ihre Liebe verloren hat, hat sie sich selbst wieder gefunden. Sie ist zwar alleine, doch nicht mehr einsam.
Wodurch kommt dieses Gefühl der Einsamkeit? Es entsteht immer dann, wenn wir uns selbst verlassen. Wenn uns beispielsweise unser Partner verlässt oder uns unsere Freundinnen die Freundschaft aufkündigen, wir uns wertlos, hässlich und unnütz fühlen, dann gehen wir mit uns hart ins Gericht und bestätigen noch die Entscheidung der Menschen, die sich von uns abwendeten. Denn so wertlos, wie wir uns fühlen, wollen auch wir nicht bei uns bleiben. Und so packen wir innerlich unsere

Sachen und gehen. Das ist meist das wirklich Schmerzvolle an einer Trennung. Niemand kann uns mit schwerwiegenderen Folgen verlassen als wir uns selbst. Genauso wenig vermag jemand anders die Lücke zu füllen, die wir selbst in uns hinterlassen.

Achtsamkeit kann helfen, uns wieder mit uns selbst zu versöhnen und Freundschaft mit uns zu schließen. Wir können lernen, bei uns zu bleiben, gerade in Zeiten, in denen wir uns wirklich brauchen. Manchmal haben wir nur noch einen einzigen Menschen auf der Erde, und das sind wir selbst. Wenn wir uns dann verlassen würden, wären wir wirklich vollkommen verlassen.

Die Chance, die in einer Zeit des Alleinseins liegt, ist die Möglichkeit, sich selbst ganz genau kennenzulernen. Es ist eine Zeit, die sehr fruchtbar, sehr kreativ sein kann. Eine Zeit, in der Sie viel über sich selbst erfahren können. Sie sind gezwungen, sich ihren Eigenarten zu stellen, selbst Lösungen für die Probleme des Lebens zu finden und sich immer wieder auf sich selbst zu besinnen. Dadurch entwickeln Sie eine große Stärke. Es ist eine Zeit des inneren Retreats, der Klärung und Heilung. Es ist eine Zeit des Kraftschöpfens und der Regeneration. Ich habe immer wieder alleine auf mich selbst gestellt gelebt, ohne Partner und manchmal auch ohne das kuschelige und unterhaltsame Netzwerk von Freundinnen und Freunden. Es gab gute Zeiten voller Kreativität und mit dem Gefühl, eins zu sein mit der ganzen Welt, aber natürlich gab es auch schwere Zeiten, in denen ich mich sehr einsam gefühlt habe. Hilfreich war für mich zu erkennen, dass das kennzeichnende Merkmal der Einsamkeit meine fehlende Akzeptanz mir selbst und der Situation gegenüber war. Ich hatte mich verlassen, fühlte mich hässlich, dick, dumm, was auch immer. Alles sollte anders sein; ich sollte in meinen Augen anders sein. Doch sobald ich begann, mich wieder um mich selbst zu kümmern, es mir gemütlich machte, mich mit mir zum

Joggen oder Spazierengehen verabredete und für mich selbst sorgte, wurde es besser. Im Grunde funktioniert Alleinsein genauso wie jede gute Beziehung oder Freundschaft, nur dass es beim Alleinsein darum geht, die gute Beziehung und eine stabile Freundschaft zu sich selbst zu pflegen.

Gewohnheit

Manchmal ist es schwer, neue Gewohnheiten zu etablieren. Die alten Pfade sind weitaus bequemer und ausgetretener. Warum fallen wir immer wieder in alte Muster zurück, warum fällt es uns wider besseres Wissen so schwer, Dinge endlich einmal anders zu machen? Da haben wir es uns so fest vorgenommen, ab jetzt nicht mehr wie gewohnt zu reagieren und Dinge zu tun, die uns noch nie gut getan haben. Ab sofort soll alles anders werden. Und dann? Die Situation ist da, wir könnten es anders machen, doch alles läuft so weiter wie bisher. Es klappt einfach nicht. Wir wissen genau, was passiert, wir hören uns die gleichen Worte wie immer sagen, wir sehen unseren Körper die gleichen Dinge tun wie immer und sind entsetzt oder enttäuscht von uns und vielleicht auch von der Achtsamkeit, die doch nichts für uns zu sein scheint. Achtsamkeit klappt nicht. Klappt nicht? Wirklich nicht? Haben Sie nicht gerade gehört, was Sie sagten? Haben Sie nicht gesehen, was Sie taten? Dieses Wahrnehmen der Dinge, das ist bereits Achtsamkeit. Sie haben vielleicht noch nicht anders gehandelt, aber alleine dieses Fünkchen Achtsamkeit, überhaupt zu bemerken, was geschieht, wie Sie handeln, das ist es, was den Unterschied zu unserem gewöhnlichen Nicht-Wahrnehmen der Situationen ausmacht.

Und auf dieser Basis können Sie weiter daran arbeiten. Vielleicht denken Sie nun, dass Sie ja bereits seit einiger Zeit sehen, was passiert, und Sie trotzdem nicht in der Lage sind, die Dinge anders zu tun. Bedenken Sie, dass Gewohnheiten manchmal bereits Jahrzehnte bestehen und es lange braucht, um alte Muster aufzulösen. Sie sind wie breite, ausgetretene Trampelpfade oder wie tiefe Spurrillen auf der Straße, in die man immer wieder reinrutscht, auch wenn man noch so vorsichtig fährt. Es passiert. Punkt. Erster Schritt: Machen Sie kein Drama draus, oder wie der Kölner sagt: »Et is, wie et is.« Das Unvermögen, die Dinge anders zu tun, zu dramatisieren verleiht nur Ihrem momentanen Unvermögen noch mehr Energie. Ziehen Sie die Energie ab und machen Sie einfach weiter, sonst hält Sie die Energie im Scheitern fest und zementiert es (Murphys Gesetz). Richten Sie Ihre Energie stattdessen nach vorne aus, gehen Sie einfach weiter und werden Sie zum Forscher der Situation.

Hierzu eine kleine Geschichte, die ich einmal gehört habe:

Ein Mann geht eine Straße entlang. Plötzlich stürzt er, fällt ins Bodenlose und schlägt hart auf. Es fühlt sich matschig und glitschig unter ihm an, es ist dunkel und stinkt erbärmlich. Er rappelt sich auf, und als seine Augen sich an das Dunkel gewöhnt haben, erkennt er, dass er durch ein offenes Gullyloch in die Kanalisation gefallen ist. Er flucht und ärgert sich maßlos, sein schöner Anzug ist verdreckt, und er braucht lange, bis er einen Ausgang gefunden hat. Wieder auf der Straße angekommen, geht er stinkend und fluchend seines Weges.

Der Mann geht wieder die Straße entlang. Vor ihm: ein großes Gullyloch. Er sieht es viel zu spät und stürzt hinein, findet sich am Boden im Dreck sitzend wieder, flucht

und ärgert sich, rappelt sich auf und findet den Ausgang
nun etwas schneller, denn hier war er ja schon. Auf der
Straße angekommen, geht er stinkend und grummelnd sei-
nes Weges.
Der Mann geht wieder die Straße entlang. Vor ihm: ein
großes Gullyloch. Er sieht es, doch er kann nicht anders –
er stürzt hinein. Da sitzt er wieder, rappelt sich auf, findet
den Ausgang sehr schnell, denn mittlerweile hat er darin
Übung, und geht seines Weges.
Der Mann geht wieder die Straße entlang Vor ihm: ein
großes Gullyloch. Er sieht es ... und macht einen Bogen
darum.
Irgendwann geht der Mann eine andere Straße entlang
(und auch dort wird es neue Gullylöcher geben) ...

Moral der Geschichte: Lernen Sie Ihre Gullylöcher richtig gut
kennen, dann werden Sie den Ausgang leichter finden und irgendwann die bewusste Entscheidung treffen können, dieses
Mal das Gullyloch zu umgehen oder einen anderen Weg zu
wählen. Es ist Ihre Entscheidung, neue Wege einzuschlagen.
Ihre bewusste Entscheidung, die nur Sie selbst für sich treffen
können. Niemand sonst ist dafür verantwortlich.
Vom neurologischen Ablauf her gesehen sind Gewohnheitsmus-
ter Verknüpfungen im Hirn. Stellen Sie sich einmal ein Netz aus
breiten, ausgetrampelten Wegen vor, das sich durch Ihr Hirn
zieht. Auf diesen Wegen laufen Ihre Gewohnheiten, Ihre gewohnheitsmäßigen Entscheidungen. Sie sind so breit, dass alles
automatisch immer wieder in die gleichen Bahnen rutscht. Wie
beim Computer läuft das Programm automatisch ab. Dann stellen Sie fest, dass das Computerprogramm überholt ist und für
Sie nicht mehr passend ist. Es muss umgeschrieben werden. Dafür brauchen Sie erst einmal eine Bestandsaufnahme, damit Sie

wissen, was umgeschrieben werden muss und was bleiben kann. Dann erst kann das Programm umgeschrieben werden, können wir neue Pfade anlegen.

Haben Sie schon einmal versucht, im hohen Gras einen Weg auszutrampeln? Wenn man nur einmal durch dieses Gras geht, kann man nur für kurze Zeit sehen, wo man entlanggegangen ist, denn nach und nach stellen sich die Halme wieder auf und der Weg ist verschwunden. Geht man diese Strecke durch das Gras jedoch immer wieder, wird allmählich ein Weg sichtbar und nach einiger Zeit wird er immer breiter und ausgetretener. Hören wir dann eines Tages auf, diesen Weg zu benutzen, wird er langsam zuwachsen und verschwinden. Genauso verhält es sich auch mit den Verknüpfungen im Hirn. Durch eine Idee wird eine zarte Verschaltung geknüpft, dann setzen wir die Idee das erste Mal in die Tat um und die zarte, kaum merkliche Spur eines Pfades wird sichtbar. Wiederholen wir unser Tun, wird die Verknüpfung allmählich immer stärker. Die alte Verknüpfung wird dagegen schwächer, da sie nicht mehr gebraucht wird. So entstehen neue Gewohnheiten. Dieser Vorgang bedarf circa drei Monate kontinuierlicher Übung, dann sind die Verknüpfungen stark genug, um sie Gewohnheit zu nennen. Das ist der Grund, warum kontinuierliche Übung so wichtig ist. Hört die Übung auf, beispielsweise das Praktizieren der Meditation und der Achtsamkeit, verschwindet die Verknüpfung wieder wie ein nicht mehr begangener Pfad. Die Natur ist hier sehr pragmatisch. Sie stellt uns die Möglichkeiten und das Material zur Verfügung. Es liegt an uns, etwas daraus zu machen. Wir werden so zu den Gestaltern unseres Lebens. Es ist unsere Entscheidung, was wir tatsächlich daraus machen.

Stille

*Wenn ihr nicht länger in der Abgeschiedenheit eures
Herzens wohnen könnt, lebt ihr in euren Lippen, und
Geräusch ist eine Zerstreuung und ein Zeitvertreib ...
Es gibt manche unter euch, die aus Furcht vor dem
Alleinsein die Gesellschaft des Geschwätzigen suchen.
Die Stille der Einsamkeit lässt ihr nacktes Selbst auf-
scheinen, und sie möchten entfliehen ...*

KHALIL GIBRAN[7]

In unserer hektischen und lauten Welt einen Moment der Stille
zu erfahren, kommt für manche Menschen einem Lottogewinn
gleich. Andere wiederum fühlen sich von Stille beunruhigt. Bedeutet es doch für einen Moment, dass sie nicht in Kontakt mit
ihrem Umfeld sind. Was löst es in Ihnen aus, wenn Sie einmal
einen Moment der Stille zulassen? Gönnen Sie sich Momente
der Stille?

Ein Moment der Stille meint nicht, sich einfach die Ohren zuzu-
stopfen und alle Geräusche aus dem Leben zu verbannen. Ein
Moment der Stille bedeutet vielmehr, selbst innerlich still zu
werden, einen Moment lang aufzuhören, mit allem und jedem
in Kontakt zu treten, endlose Selbstgespräche zu führen, wildem
Aktionismus zu folgen und sich dem Überangebot der Medien
hinzugeben. Stille kann bedeuten, in den gegenwärtigen Moment zurückzukehren und dem Klang eines Vogels zu lauschen.
Haben Sie schon einmal die Stille zwischen den Geräuschen
wahrgenommen oder Stille erfahren, obwohl es um Sie herum
sehr laut war? Die stillsten Momente des Lebens sind meist die,
bei denen wir unsere endlosen Dialoge mit uns selbst und auch
mit unserer Umwelt einstellen. Erst in der Stille kann die Welt

uns wirklich erreichen, denn erst dann können wir ihr wirklich zuhören, ohne sie durch unsere Kommentare oder Bewertungen zu unterbrechen. Auch physische Stille vermag sehr nährend auf uns wirken. Es kann sehr erholsam sein, sich der Stille hinzugeben und in ihr zu verweilen. So bekommen Organismus, Geist, Nervensystem und Körper Gelegenheit, sich zu regenerieren, sich zu öffnen und zu entfalten.

Achtsamkeitspraxis bedeutet, Momente der Stille zuzulassen und zu kultivieren. Hilfreich ist es, sich bewusst der Reizüberflutung zu entziehen oder sie zumindest zu reduzieren, indem man Handy, Telefon oder Radio öfter ausschaltet, weniger fernsieht und auch den Computer weniger nutzt.

Die innere Stille, die wir durch die Übung des Gleichmuts und einer nicht reaktiven Haltung den Dingen gegenüber entwickeln können, lässt sich jedoch am besten im täglichen Chaos kultivieren. So erlangen wir die Fähigkeit, trotz Chaos, Lärm und ständig wechselnden Eindrücken stabil und zentriert zu bleiben, in einer inneren Stille ruhend. Diese Fähigkeit zu innerer Stille und Gleichmut erfordert beständiges Training. Hilfreich sind hier die Achtsamkeit und die Zentrierung auf den Atem, immer und immer wieder. Sobald wir merken, dass wir auf Außenreize anspringen und uns von ihnen faszinieren lassen, lösen wir uns bewusst von dem Reiz und kommen wieder zurück zum Spüren des Atems. Nehmen Sie wahr, welche Gefühle durch den Reiz ausgelöst werden. Entstehen Begierde, Anhaftung, Ablehnung oder Wut? Nehmen Sie diese Gefühlsregungen schlicht zur Kenntnis, ohne sie zu bewerten. Achten Sie darauf, was passiert, wenn Sie auf den Reiz anspringen, ihm nachgehen, sich gegen ihn auflehnen oder sich von ihm angezogen fühlen wie die Motte vom Licht. Und was passiert, wenn Sie sich lösen und zurückkehren zum Atem? Fühlt es sich laut oder leise in Ihnen an? Was nährt Ihre innere Stille und was lässt sie hungern?

Schwierige Lebenssituationen

Es gibt Situationen im Leben, in denen uns das Leben regelrecht den Boden unter den Füßen wegreißt. Wir fallen ins Bodenlose. All die Dinge und Mechanismen, mit denen wir uns bisher schützen oder Situationen manipulieren konnten, greifen nicht mehr. Vielleicht erleben wir einen Verlust. Ein geliebter Mensch verlässt uns oder stirbt sogar, und wir empfinden solch einen Schmerz, von dem wir uns nicht vorstellen können, er werde jemals vergehen. Vielleicht verlieren wir aber auch unsere Arbeit, leiden an einer schweren Krankheit oder erleben ein traumatisches Ereignis. Hier achtsam zu bleiben, also dabeizubleiben, wo wir in dieser Situation vielleicht am liebsten laut schreiend weglaufen oder uns betäuben würden, mag im ersten Moment sonderbar, wenn nicht gar unmöglich anmuten. Achtsamkeit ist kein Allheilmittel, aber es ist eine Möglichkeit, einen Anker zu haben, wenn die See tobt. Es ist eine Möglichkeit, einer Verschlimmerung des Dramas entgegenzuwirken und so das Leid der Situation für uns und andere zu minimieren. Es gibt Situationen, in denen andere Menschen in unserem Umfeld keine Hilfe sein können oder uns im Stich lassen, wenn wir sie am meisten brauchen. Meist lassen auch wir uns selbst im Stich, indem wir uns mit Drogen oder Alkohol betäuben oder unser Leid durch ein Übermaß an Sex, Essen, Partys oder Arbeit zu kompensieren versuchen. Achtsamkeit bedeutet, gerade in schwierigen Situationen bei uns zu bleiben, uns selbst die Hand zu halten. Wir sind auf uns und unsere Fähigkeiten angewiesen, zentriert zu bleiben und für uns angemessen sorgen zu können. So überstehen wir das Aufwachen am nächsten Morgen, wenn die Welle an Problemen und unangenehmen Gefühlen, die auch der Alkohol nicht brechen konnte, wieder über uns zusammenschlägt. Wir erhalten uns damit die Fähigkeit, weiterzuleben und unser Leben bewusst zu gestalten.

Achtsam zu sein bedeutet, Verantwortung für sich selbst zu übernehmen. Es ist so einfach, anderen die Schuld am eigenen Unglück zu geben. Doch nur wenn ich selbst die Verantwortung dafür übernehme, wie ich mein Leben jetzt weiter gestalten möchte, habe ich tatsächlich die Möglichkeit, in meinem Leben etwas zu verändern, mich wirklich um mich zu kümmern und mein Leben so zu leben, wie es mir in meiner Lage, mit den mir zur Verfügung stehenden Ressourcen möglich ist.

In einer schwierigen Lebensphase achtsam zu sein ist eine große Herausforderung und kommt dem Entspannen im freien Fall gleich. Und es fühlt sich auch genauso an. Achtsamkeit gibt dem Fallenden einen Fallschirm und nimmt so dem Moment die Schärfe. Dadurch wird unser Hirn wieder einsatzfähig, das vorher vielleicht in einer Schockstarre oder in Gedankenschleifen gefangen war.

Weglaufen, angreifen oder sich betäuben sind verständliche und manchmal auch durchaus sinnvolle Reaktionen, aber sie wirken nur für einen begrenzten Zeitraum. Irgendwann kommt der Moment, in dem wir zum Ausgangspunkt zurückkehren müssen und wieder mit der Situation konfrontiert werden. Interessant ist, was dann geschieht. Wir mögen es vielleicht als Ungerechtigkeit des Lebens empfinden, dass wir leiden, doch Leiden ist das, was wir daraus machen. Meist übersehen wir die eigentliche Chance, den eigentlichen Reichtum des Augenblicks, das Potenzial persönlichen Wachstums und tiefer Heilung, welches schwierigen Lebenssituationen innewohnt. Sie haben das bestimmt schon erlebt, dass Ihnen manche Zusammenhänge erst in der Retrospektive, vielleicht sogar erst nach vielen Jahren klarwurden. Die Wege, die sich aus Krisen ergeben, geben dem Leben oft eine neue, meist sogar sinnstiftendere Wendung. Begegnen wir Menschen, die uns weise erscheinen, stellt sich im Gespräch bald heraus, dass diese ihre Weisheit nicht auf der Uni gelernt haben, sondern durch das Meistern von Schwierigkeiten in ihrem Leben. Sie haben gelernt, sich den Problemen zu stellen, sich nicht mehr von ihnen beeindrucken zu lassen und aus ihnen zu lernen. Ein Sinnbild für diesen Prozess und die daraus erwachsende Geistesstärke ist der Lotos. Er steht für makellose und unbefleckbare Schönheit. Bevor der Lotos in seiner Schönheit erblühen kann, muss er sich jedoch erst durch tiefen Morast emporwinden, bis er an der Oberfläche des Wassers erblüht. Dank der besonderen Beschichtung seiner Blütenblätter perlt jeglicher Schmutz von ihm ab. Seine Wurzeln bleiben jedoch tief im nährenden Schlamm verankert. Würde man dem Lotos den Morast nehmen, wäre er seiner Existenzgrundlage beraubt. Moral der Geschichte: So, wie der Lotos den Schlamm braucht, brauchen wir den Schlamm des Lebens, um uns zu entwickeln und in voller geistiger Schönheit und unbefleckbarer Stabilität erblühen zu können.

Die Achtsamkeit gibt uns sehr praktische Methoden an die Hand, mit katastrophalen Situationen zu arbeiten und an ihnen zu wachsen, statt an ihnen zu zerbrechen. Es ist unsere Entscheidung, wie weit wir es zulassen, von den Ereignissen fortgerissen zu werden. Schlüsselbegriffe sind hier liebevolle Güte, Akzeptanz und Loslassen.

Was können Sie tun? Üben Sie beständig die Zentrierung Ihrer Aufmerksamkeit auf den Atem. Üben Sie damit im alltäglichen Leben: Üben Sie in Schrecksekunden, in schwierigen Momenten, in Momenten, in denen Sie sich aufregen, traurig, wütend oder verzweifelt sind. Atmen Sie, kommen Sie zurück zum Atem, immer und immer wieder. Bemerken Sie, wenn Sie sich in

Gedanken verstricken, lösen Sie sich aktiv, distanzieren Sie sich und kommen Sie zurück zum Atem, zurück zu sich selbst. Geben Sie sich selbst immer wieder Raum. Raum für einen Moment Stille, einen Moment Innehalten, Raum zum Durchatmen. Geben Sie Ihrer Wahrnehmung Raum, was fühlen Sie, was hören Sie, was riechen Sie, was sehen Sie? So üben Sie bereits in kleinen, einfachen Situationen für wirkliche Herausforderungen. Wenn Sie gut geübt sind, werden Sie sich auch in schwierigen Momenten an den Atem erinnern; dies wird zu einem Automatismus, zu dem Sie einfach immer wieder zurückkehren können. Er ist vertraut, Sie kommen wieder zu sich, können sich Raum geben, können sich lösen – immer wieder. Das schafft Weite, und die Dinge können sich langsam beruhigen, so dass Sie wieder handlungsfähig werden oder zumindest der Situation die übermäßige Schärfe, das übermäßige Leiden genommen wird. Diese Fähigkeit, die wir durch Übung entwickeln und kultivieren können, wird uns sogar im Sterbeprozess von größtem Nutzen sein.

Achtsamkeit in schwierigen Lebenssituationen zu praktizieren bedeutet nicht, in hilflose Passivität zu verfallen. Ganz im Gegenteil. Achtsamkeit bedeutet, Verantwortung für das eigene Leben zu übernehmen. Und das ganz bewusst. Hinschauen, in Kontakt treten und sehen, was es zu tun oder zu lassen gibt. Wenn es konkrete Maßnahmen zu ergreifen gibt, um Situationen zu verändern, tun Sie es! Leiten Sie Entsprechendes in die Wege. Wenn es nichts zu tun gibt, praktizieren Sie bewusstes Nichtstun. Sie schützen sich so vor blindem Aktionismus, der die Situationen manchmal nur verschlimmert oder Sie viel Energie kosten kann. Energie, die Sie viel nötiger zur Regeneration oder konstruktiven Problemlösung bräuchten.

Die Achtsamkeit hilft Ihnen, in sich und damit im Leben zu ruhen, die Vergänglichkeit der Phänomene zu akzeptieren und aus der Leidspirale auszusteigen. Und wenn Sie nur noch einen Tag zu leben haben, ist dieser Tag es wert, von Ihnen in Achtsamkeit gelebt zu werden.

Schmerz

Es ist eine große Herausforderung, mit Schmerzen zu leben. Oft ist Achtsamkeit die einzige Möglichkeit, mit Schmerzen umzugehen, die uns bleibt, insbesondere wenn Schmerzmittel nicht mehr wirken. Mit Schmerz achtsam umzugehen bedeutet, genau das Gegenteil von dem zu tun, was wir normalerweise tun würden, nämlich, statt den Schmerz weghaben zu wollen, ihn da sein zu lassen. Das Fatale daran, sich den Schmerz wegzuwünschen, ist, dass sich die Schmerzen durch den Widerstand gegen ihn nur verstärken. Warum ist das so?

Jeder Widerstand erfordert ein gewisses Maß an Spannung, um sich dem Objekt oder der Gegebenheit zu widersetzen. Es erfordert Anstrengung, Dinge oder auch Situationen zu bekämpfen. In diesem Kämpfen liegt Gewalt, auch Gewalt gegen uns selbst. Denn wenn wir gegen den Schmerz kämpfen, bedeutet es auch, dass wir in dem Moment gegen uns selbst kämpfen, da wir uns in dem Moment des Schmerzes nicht so annehmen können, wie wir sind. Aus dieser Anstrengung heraus, zusammen mit der Ablehnung, die wir uns selbst im Zustand des Schmerzes oft entgegenbringen, resultiert – Sie ahnen es vielleicht bereits – Schmerz. Wenn Aspirin & Co. nicht mehr wirken und wir uns selbst im Stich lassen, weil wir verzweifelt sind und die Schmerzen nicht akzeptieren können, machen wir sie durch unseren Widerstand und unser Kämpfen nur noch schlimmer. Das ist wahrer Stress. »Wie hilft hier die Achtsamkeit?«, fragen Sie sich vielleicht. Nun, die Achtsamkeit ist sicherlich kein Zaubermittel, das Ihnen die Schmerzen einfach so nimmt, wenn Sie sich entscheiden, plötzlich Achtsamkeit anstatt Aspirin zu nehmen, aber sie verändert etwas ganz Entscheidendes: Ihre Einstellung zu sich selbst und zu den Schmerzen. Wenn wir aufhören, gegen die Schmerzen und somit gegen uns selbst zu kämpfen, hört unser Körper auf, sich übermäßig anzustrengen. Auch wenn es sich paradox anhört: Je mehr wir uns den Schmerzen öffnen, desto mehr kann sich unser Körper entspannen und der Schmerz wird oft nachlassen. Schmerz gehört zum Leben, wir werden ihn nicht ausklammern können, doch das Leiden daran ist unsere freiwillige Reaktion darauf. Dieser Satz mag provozierend wirken, doch wenn wir genauer, achtsamer hinschauen, wie wir mit Schmerzen und Leid umgehen, erkennen wir vielleicht unsere Tendenz, immer wieder am Leid klebenzubleiben. Wir nutzen nicht unsere Möglichkeit, uns zu entscheiden, ob wir leiden wollen und unser Leben von Schmerz geprägt wird oder ob wir trotz Schmerz unser Leben so erfüllt wie möglich leben. Diese Wahl gibt uns die Achtsamkeit, in dem sie die Erkenntnis fördert, dass es völlig in Ordnung ist, trotz Schmerzen sein Leben zu genießen, und wir keinen gesellschaftlichen Konventionen unterliegen, die uns vorschreiben, dass wir nur noch gereizt und deprimiert sein sollten, weil wir an chronischen Rückenschmerzen oder dem Schmerz eines Verlustes leiden. Ich möchte damit Schmerzen nicht herunterspielen, ganz und gar nicht, vielmehr geht es mir um einen gangbaren Weg, der voller Respekt gegenüber dem Schmerz ist, aber ihm nicht verhaftet. Das beinhaltet zu sehen, wie wir auch hier ein gewisses Maß an Freiheit haben.

Leid entsteht dadurch, dass wir unserer gutgeschulten Gewohnheit folgen, an den Dingen, die uns widerfahren, klebenzubleiben, sie festzuhalten, auch wenn es sich um unangenehme Dinge handelt, die wir eigentlich gar nicht haben möchten. Unser Körper signalisiert uns Schmerz – nehmen wir hier als Beispiel chronischen Rückenschmerz. Der Schmerz an sich ist erst einmal ein Alarmsignal des Körpers, der uns auf diese Weise mitteilt, dass etwas nicht stimmt. Bei chronischen Schmerzen hat der Schmerz bereits im körpereigenen Schmerzgedächtnis Eingang gefunden und sich verfestigt (ähnlich wie eine Fehlprogrammierung), das heißt, in der Regel ist die schmerzauslösende Situation, wie zum Beispiel ein verschobener Wirbel, bereits längst behoben, doch der Nervenschmerz ist noch da, ebenso die verkrampfte Muskulatur, die dann wieder auf die Nerven drückt. Die Muskulatur verkrampft durch den Schmerz weiter, da sie die Wirbelsäule auf diese Weise vor weiteren schmerzhaften Bewegungen schützen möchte. Durch die verkrampfte Muskulatur wird Druck ausgeübt auf die Nerven, die wiederum mit Schmerzsignalen reagieren und so weiter. Genauso können sich seelische Probleme wie zum Beispiel angestaute Emotionen körperlich als Schmerzen bemerkbar machen. In der modernen Schmerztherapie wird beispielsweise heute nach Operationen sehr rasch medikamentös eingegriffen, noch bevor Schmerzen nach der Narkose einsetzen, damit sich der Schmerz nicht im Schmerzgedächtnis des Körpers verfestigen kann. Damit wird eine weitaus kürzere Schmerz- und Heilungszeit erreicht als früher. Gleiches wird mittlerweile auch bei regelmäßig auftretenden Kopfschmerzen und Migräne empfohlen, so dass bei den ersten Anzeichen sofort entsprechende Medikamente genommen werden sollen und ein Anfall damit oft abgewendet oder zumindest verkürzt werden kann. Achtsam für sich selbst zu sorgen beginnt damit, den Schmerz als solchen anzuerkennen. Nur wenn ich den Schmerz anerkannt habe, kann ich handeln.

Alternativ können Sie sich auch entscheiden, den Umgang mit dem Schmerz als Übungsfeld zu nehmen und zu schauen, ob Sie auch ohne Schmerzmittel in einer entspannten und annehmenden Art mit dem Schmerz sein können. Beobachten Sie, was mit dem Schmerz passiert. Häufig erübrigt sich dann ein Schmerzmittel.

Achtsamkeit bedeutet nicht, in die Haltung eines Märtyrers zu schlüpfen, sondern sanft zu werden und gut für sich zu sorgen, so wie es für den Moment angemessen ist und das möglichst in einer weisen, liebevollen und annehmenden Art und Weise. Für sich selbst sorgen ist etwas ganz anderes als gegen den Schmerz (und sich selbst) kämpfen. Wo liegt da der Unterschied? Die liebevolle Annahme meiner selbst, meines Schmerzes, bei der ich dafür sorge, dass es mir und meinem Körper bessergeht, ist ein Akt der Liebe, den Schmerz bekämpfen ist dagegen ein Akt der Gewalt.

Was aber tun, wenn auch die besten Schmerzmittel nicht mehr wirken? Hier kann die Achtsamkeit helfen, leichter mit dieser schwierigen Situation umzugehen. Doch sollten wir realistisch bleiben und keine Wunder erwarten. Ich kenne Menschen, die so starke Schmerzen haben, dass sie Morphium nehmen müssen, welches jedoch auch oft nicht hundertprozentig wirkt. Doch ihr Leben besteht nicht nur aus Schmerz, sondern ist trotz der Schmerzen im jeweilig möglichen Rahmen ein erfülltes Leben. Viele von ihnen praktizieren Achtsamkeit. Sie hätten auch sich selbst aufgeben und dem Leiden ihr Leben überlassen können. Was hat diese Menschen davon abgehalten? Sie haben sich entschlossen, nicht mehr gegen den Schmerz anzukämpfen, wie sie es viele Jahre getan hatten, sondern den Schmerz in ihr Leben zu integrieren, ihn da sein zu lassen wie einen alten Bekannten. Dadurch entspannte sich das Verhältnis zum Schmerz. War die Energie sonst nur auf das Bekämpfen des Schmerzes ausgerichtet und gebunden in der Verzweiflung darüber, dass es nicht gelang, den Schmerz zu besiegen, wurde so wieder Energie frei für Aktivitäten im individuell möglichen Rahmen. Das setzte wiederum Energie frei, die den Geist und das Gemüt nährten und entspannten. Die Schmerzen wurden erträglicher oder verschwanden zeitweise ganz. Diese Menschen verdrängten den Schmerz nicht, sondern ließen ihn da sein, gaben ihm aber auch nicht mehr Raum als nötig und machten aus ihm kein Drama mehr.

Wir leiden an den Schmerzen, weil wir sie zum Zentrum unseres Seins machen und uns damit in sie verstricken. Das Leid hört auf, wenn wir uns aus dieser Verstrickung lösen und uns für andere Dinge öffnen. Hilfreich ist hier die Akzeptanz. Sie schafft den Boden, die Plattform, von der aus wir weiterschauen können, was nun als Nächstes sinnvoll ist.

Einmal überkamen mich in einem Retreat starke Magenkrämpfe. Ich wollte diese Krämpfe nicht haben. Ich ärgerte mich sehr über mich und kämpfte gegen den Schmerz an. Die Krämpfe steigerten sich zu einer nie gekannten Heftigkeit. Irgendwann war ich so erschöpft vom Kämpfen, dass ich nicht anders konnte: Ich gab auf und lag einfach nur da. Mir fiel die Geschichte von Milarepa ein, einem tibetischen Yogi, der lange in den Höhlen des Himalaya-Gebirges meditiert hat. Eines Tages kam Milarepa vom Brennnesselsammeln zurück in seine Höhle und fand sie von Dämonen besetzt vor. Sie lasen seine Bücher, schliefen in seinem Bett und aßen sein Essen. Er versuchte, mit ihnen zu reden und sie zum Gehen zu bewegen, lehrte sie sogar Meditation. Mit der Zeit ging einer nach dem anderen, doch einer blieb. »Das ist wohl ein ganz hartnäckiger«, dachte Milarepa bei sich. Alles Flehen und Reden nutzte nichts. Da gab er auf, legte seinen Kopf in das Maul des Dämons und sagte: »Dann friss mich halt auf.« Und in dem Moment verschwand auch dieser Dämon.

Ich nahm wahr, dass es zwischen den Krämpfen Momente der Stille gab, in denen ich mich ausruhen konnte. Sobald der Krampf wieder begann, versuchte ich mich von der Intensität des Schmerzes nicht mitreißen zu lassen, sondern mit dem Krampf zu entspannen und zu atmen. Die Krämpfe wurden aushaltbarer, bis sie schließlich ganz aufhörten. Das Leiden an der Situation hatte sich für mich deutlich reduziert. Angenehm waren die Krämpfe zwar noch immer nicht, aber leichter zu bewältigen, und ich konnte in der Situation achtsam bei mir bleiben und habe mich dadurch nicht selbst im Stich gelassen.

Und das ist etwas, das viele Schmerzpatienten für sich entdecken. Während bisher ihr Leben für sie fast nur aus Schmerz bestand, stellen sie mit wachsender Achtsamkeit fest, dass ihr Leben ganz und gar nicht nur aus Schmerz besteht und dass der Schmerz sich verwandelt, es leichte Tage gibt und eben auch schwere, der Schmerz in Wellen kommt und wieder geht. Über mehrere Jahre hinweg litt ich an starken Schmerzen. Sie begannen im Rücken und breiteten sich langsam über meinen ganzen Körper aus, bis ich nicht mehr wusste, wie ich mich hinlegen oder setzen sollte. An Schlaf war kaum zu denken, ebenso wenig an Sport. Selbst Berührungen waren schmerzhaft. Zur Krönung gab es noch Anfälle von rasenden Entzündungsschmerzen der Wirbelsäule, die mehrere Tage anhielten, begleitet von heftigsten Kopfschmerzen. Die Ärzte waren ratlos, körperlich war alles in Ordnung, ich war verzweifelt und entnervt. Diese Schmerzen waren für mich ein großes Übungsfeld für Geduld, Akzeptanz, Liebe und Mitgefühl. Ich hatte die Wahl: Schmerz, Drama, Verzweiflung und Selbstmitleid oder ein erfülltes Leben trotz Schmerz. Ich entschied mich für das Leben. Und ab dem Zeitpunkt, an dem ich begann, mich diesen Schmerzen zu öffnen, meine Aufmerksamkeit aber auch wieder anderen Dingen meines Lebens zuwendete, die mich nährten und Kraft gaben, aufhörte, ein Drama aus der Sache zu machen, und meinen Körper mit diesen Schmerzen voll und ganz liebevoll annahm, wurden sie Monat für Monat weniger. Erst wurden sie erträglich und irgendwann verschwanden sie. Es war ein langsamer, kaum merklicher Prozess des Öffnens und Loslassens.

Man muss keine starken chronischen Schmerzen haben, um zu dieser Erkenntnis zu gelangen. Man braucht sich einfach nur für ein paar Minuten zur Meditation hinzusetzen. Nach nicht allzu langer Zeit wird sich der Körper mit irgendeiner Störungsmeldung bemerkbar machen, sei es, weil der Fuß einschläft, das Kissen drückt oder der Rücken sich verspannt. Dies ist ein wunderbares Übungsfeld, mit Schmerzen oder unangenehmen Körperempfindungen umzugehen:

Setzen Sie sich einmal in Ihrer Meditationshaltung hin, und achten Sie darauf, was in Ihrem Geist und Ihrem Körper geschieht. Tauchen Bewertungen auf, beißen Sie sich fest und sperren Sie sich gegen Empfindungen? Beginnen Sie sich vielleicht ganz subtil selbst zu bemitleiden oder über Ihren nicht nach Ihren Vorstellungen funktionierenden Körper zu ärgern? Lassen Sie sich gefangen nehmen von der Empfindung, und verlieren Sie dadurch den Fokus auf Ihren Atem? Das ist die Kette des Leidens. Versuchen Sie, offenzubleiben und wahrzunehmen, was noch alles geschieht. Was geschieht, wenn Sie sich gegen den Schmerz sperren, was geschieht in Ihrer Haltung, in Ihrer Muskulatur? Was geschieht mit Ihrer Schmerzempfindung? Was passiert, wenn Sie die unangenehme Empfindung einfach nur beobachten, ohne sich von der Empfindung gefangen nehmen zu lassen. Was passiert, wenn Sie die Empfindung als das betrachten, was sie ist, ein körperliches Phänomen. Ist es Ihnen möglich, mit dieser Empfindung zu sein und ihre Dynamik zu betrachten? Bleibt die Empfindung gleich oder verändert sie sich? Ist es Ihnen möglich, mit dieser Empfindung in einer offenen und annehmenden Weise zu sein? Was geschieht dann mit der Empfindung? Versuchen Sie, so weit es geht, die Spannung des Körpers mit dem natürlichen Ausatem immer mehr zu lösen. Viele Schmerzen entstehen durch Anspannung, und die meisten Schmerzen verstärken sich durch Anspannung. Lösen wir die Spannung, beruhigt sich oft auch der Schmerz mit der Zeit.

Es sollte bei der Übung der Achtsamkeit im Umgang mit Schmerz nicht unser Ziel sein, gegen den Schmerz zu arbeiten und durch Achtsamkeit schmerzfrei zu werden, das würde nur das Gegenteil bewirken. Vielmehr sollten wir uns bemühen, so offen und aufmerksam wie möglich zu bleiben, mit einer wertneutralen, entspannten, akzeptierenden und liebevollen inneren Haltung uns selbst und den auftauchenden Phänomenen gegenüber. Darüber hinaus ist Schmerz ein Signal des Körpers dafür, dass etwas nicht stimmt. Wir haben für gewöhnlich verlernt, auf die Signale unseres Körpers zu achten, vielmehr sind wir geübt darin, Symptome zu verdrängen und sie herunterzuspielen. Über die Achtsamkeit schenken wir unserem Körper wieder Gehör und beginnen die Botschaft, die er für uns hat, nach und nach verstehen zu lernen. Horchen Sie also hin, was möchte Ihnen Ihr Körper sagen? Er möchte Sie nicht ärgern oder in Verzweiflung treiben. Vielmehr möchte er mit Ihnen wieder in Kontakt treten, auf seine Art und Weise. Wenn wir lange nicht zugehört haben, kann die Stimme des Körpers bisweilen sehr laut, sehr massiv werden. Schmerz ist der Schrei des Körpers nach Aufmerksamkeit. Das heißt, wir haben wirklich schon lange nicht mehr zugehört. Umso mehr braucht unser Körper, also wir, wieder vermehrt Aufmerksamkeit. Reagieren wir hier mit Ablehnung oder gar Wut, wird auch der Körper zu noch massiveren Mitteln greifen müssen. In der Traditionellen Chinesischen Medizin bedeutet Schmerz immer blockierte Lebensenergie. Was und wo blockieren wir uns? Eine wichtige Frage. Achtsamkeit bedeutet »gewahr werden«. Ziehen Sie Bilanz in Ihrem Leben. Was läuft gut, was weniger gut? Wo fühlen Sie sich gehemmt, blockiert, eng? Wo fühlen Sie sich wohl, entspannt und offen? Leben Sie so, wie Sie es sich wünschen oder fehlt etwas? Wie sorgen Sie für sich selbst? Schenken Sie sich selbst innere Wärme und Anerkennung? Wie gehen Sie mit Ihren Emotionen um, Ihrer Wut, Ihrer Trauer, Ihrer Einsamkeit und Verletztheit? Ihnen werden mit der Zeit noch andere Fragen einfallen. Es ist gut, immer mal wieder das eigene Leben zu betrachten, um Korrekturen vorzunehmen. Das Leben ist zu kurz, um es halbherzig zu leben. Und es ist wirklich niemand für unser Glück und unser Leid verantwortlich, außer wir selbst.

Angst

Manchmal gibt es im Leben Situationen, auf die wir mit dem Gefühl der Angst oder gar Panik reagieren. Angst an sich hat eine wichtige Schutzfunktion. Ursprünglich sollte das Gefühl der Angst uns vor lebensbedrohenden Gefahren beschützen und den Impuls in uns freisetzen, uns in Sicherheit zu bringen, also zu flüchten, oder auch in Schreckstarre zu verfallen, so dass wir nicht gesehen werden können. Dieser innere Impuls ist heute noch ganz präsent und wahrnehmbar. Durch Überforderung und starke Belastung, aber auch durch alte Prägungen beispielsweise aus unserer Kindheit können sich allerdings auch unspezifische Ängste entwickeln, die mit der konkreten Situation nicht in Zusammenhang zu bringen sind. Oft wissen wir, dass dieses Gefühl der Angst unangemessen ist, doch es erscheint uns, als hätten wir keine Kontrolle darüber. Um diese leidhaften Zustände aber zu vermeiden oder für uns kontrollierbarer zu machen, beginnen wir uns langsam aus allen möglichen Aktivitäten zurückzuziehen oder nerven unser Umfeld mit übertriebener Sorge und Kontrolle. Es kann so weit kommen, dass wir uns vor lauter Angst nicht mehr aus dem Haus wagen. Doch dadurch wird die Angst nicht weniger. Selbst wenn wir uns zu Hause verbarrikadieren, die Angst holt uns ein und sucht sich ihre Nische. Unser Leben schrumpft immer mehr zusammen. Es wird eng. Und genau das ist der Punkt. Je enger das Leben wird, umso mehr reagiert der Organismus mit Angst und Panik, um sich daraus zu befreien. Wenn wir es zulassen, dass unser Lebensraum durch äußere und innere Zwänge beschnitten wird, dann bleibt unserem Organismus nur die Reaktion des ihm bekannten Fluchtimpulses. Da wir aber meistens nirgendwohin flüchten können und so auch keine Entlastung eintritt, kann sich eine dauerhafte Angst entwickeln, die in alle Bereiche unseres Lebens reicht.

Wie kann hier die Achtsamkeit helfen? Achtsamkeit wirkt stabilisierend und auf eine gewisse Art beruhigend. Und sie hilft uns langfristig, unsere Bedürfnisse zu erkennen und für sie zu sorgen, so dass sich der Organismus nicht mehr durch Angst Gehör und Freiraum für seine Bedürfnisse verschaffen muss.

Bleiben wir bei der akuten Angst, wie kann uns hier die Achtsamkeit konkret helfen? Versuchen Sie, wenn das Gefühl der Angst auftritt und stärker wird mit allen körperlichen Symptomen wie beispielsweise Herzrasen, Kloß im Hals, schwitzigen Händen, Toilettendrang und Muskelzittern, in Kontakt mit sich selbst zu bleiben. Nehmen Sie genau das alles wahr. Doch anstatt sich, wie Sie es vielleicht sonst tun, auf Ihren Herzschlag zu fokussieren und ihn zu kommentieren mit: »Oh je, mein

Herz rast, ich bekomme bestimmt einen Herzinfarkt, ich werde sterben!«, bleiben Sie einfach präsent und gehen Sie in die Position des wertneutralen Beobachters, nehmen Sie schlicht wahr, wie Ihr Herz schlägt. Punkt. Ohne Kommentar. Wenden Sie sich dann Ihrem Atem zu. Nehmen Sie Kontakt zu dem Gefühl des Einatmens auf und zu dem darauf folgenden Gefühl des Ausatmens. Alles, was Sie wahrnehmen, darf da sein. Wenn Ihr Atem nicht im Bauch ist, ist er vielleicht in der Kehle oder den Nasenflügeln zu spüren. Es muss nichts anders sein, als es ist, und Ihre Angst braucht durch das Atmen auch nicht zu verschwinden. Bleiben Sie bei sich, halten Sie sich sinnbildlich selbst bei der Hand und schauen Sie, was passiert, wenn Sie ausnahmsweise einmal nichts tun, um der Angst auszuweichen und sie wegzubekommen, ihr aber auch nicht durch noch mehr Kommentare, Selbstgespräche, Sorgen und Gedanken Nahrung zu geben. Wie verändert sich das Gefühl? Wie verändert sich Ihre Gedankenaktivität und was passiert, wenn Sie immer wieder zu Ihrem Atem zurückkehren, sobald Sie merken, dass Sie abschweifen?

Wir lassen uns von unseren Gefühlen oft stark beeindrucken, faszinieren und manchmal gar erschrecken, vergessen dabei jedoch vollkommen, dass auch sie flüchtige Phänomene sind, die entweder hormonell bedingt sind oder durch vermehrte Gedankenaktivität und Bewertungen entstehen. Sie sind also nichts anderes als vorüberziehende Phänomene, Spiel unseres Geistes, der seine Wirklichkeit selbst erschafft. Dieses Wissen, auch wenn es zunächst einmal nur ein theoretisches sein mag, kann uns helfen, die Dinge in einem größeren Zusammenhang zu sehen. Die Situationen und Gefühlsregungen mögen uns extrem massiv und unveränderlich erscheinen, doch bei näherer Betrachtung kann jeder für sich selbst feststellen, dass sie gar keine eigenständige Substanz haben und so, wie sie erscheinen, auch wieder vergehen. Das ermöglicht uns eine neue Herangehensweise. Sitzen und atmen Sie, wenn eine Welle der Angst kommt, und schauen Sie, was passiert, wenn Sie einmal nicht mit Aktivität reagieren, um dieses quälende Gefühl der Angst wegzubekommen, Sie es nicht kommentieren oder bewerten, sondern einfach darauf vertrauen, dass diese Welle von selbst wieder geht. Dies kann uns helfen, die Angst vor der Angst abzubauen. Wir werden die Erfahrung machen, dass wir immer noch leben und nicht an einem Herzinfarkt gestorben sind. Wir sind in der Lage, weiter zu sitzen, wie hoch die Wellen auch schlagen mögen. Wir lassen uns davon nicht mehr beeindrucken. Das erfordert Mut, denn es bedeutet, mitten im Brennpunkt sitzen zu bleiben, sich auf einen Prozess einzulassen, der uns durch die Welle der Angst mit allen Erscheinungen unseres Geistes und Körpers geleitet. Erscheinungen, denen wir am liebsten aus dem Weg gehen würden. Doch so wie der Pfau Gift frisst, damit seine Farben leuchten, ist dies ein Weg, mit den starken Emotionen der Angst Freundschaft zu schließen und zu lernen, dass wir aus mehr bestehen als nur aus dem Gefühl Angst. Dass dieses Gefühl ein Phänomen ist wie die Wolken am Himmel, es vorbeizieht, wenn wir es nicht unnötig durch Gedanken und Bewertungen füttern und anheizen. So erlangen wir tatsächliche Autonomie. Atmen Sie, bleiben Sie bei sich, nehmen Sie die Dinge wahr, ohne sich mit ihnen zu identifizieren, lassen Sie sie unkommentiert vorbeiziehen – das ist die Praxis der Achtsamkeit.

Manchmal begegnen uns Menschen, die wir für sehr mutig und gelassen halten, und vergessen dabei vollkommen, dass die mutigsten Menschen oft die ängstlichsten sind. Mut ist die Antwort auf Angst. Und nur durch Angst kann Mut sich entwickeln. Es gibt ein schönes Sprichwort: *Angst klopft an die Tür, Mut öffnet, und keiner steht draußen.*

Sie haben alles, was Sie brauchen. Wenn Sie beständig üben, im jeweiligen Moment zu bleiben, werden Sie in jeder Situation, ob gut oder schlecht, angenehm oder unangenehm präsent bei sich sein können und sich so niemals wieder selbst im Stich lassen. Gelassenheit kommt von Lassen. Dabeibleiben und von allem Manipulieren Abstand nehmen, alles lassen, wie es ist, und neugierig und offen schauen, was passiert. Das ist Achtsamkeit.

Depression

Wenn unser Leben grau und dunkel wird, jede Tätigkeit des alltäglichen Lebens ihre Leichtigkeit verliert und alles in tiefe Traurigkeit versinkt, dann kann es sein, dass wir gerade eine Depression erleben. Depressionen sind nicht gleichzusetzen mit Verstimmungen, wie sie ab und zu zum Beispiel durch monatliche Hormonschwankungen auftreten können oder weil es gerade nicht so läuft, wie wir uns das vorstellen. Depressionen sind manifeste Zustände tiefer Niedergeschlagenheit, die manchmal auch mit körperlichen Erscheinungen wie Schmerzen, Antriebsarmut, Schlafstörungen und Kraftlosigkeit einhergehen. Depressionen können sich durch einen konkreten Auslöser entwickeln oder sich ohne einen erkennbaren äußeren Umstand einstellen. Wissenschaftler haben herausgefunden, dass die Achtsamkeit gerade für Menschen mit depressiven Schüben eine gute Unterstützung bietet, mit ihrer Erkrankung umzugehen und Rückfälle zu vermeiden oder abzuschwächen. Die Forscher Williams, Teasdale und Segal haben auf diesem Wissen ein Programm entwickelt, welches sich MBCT (Mindfullness-based Cognitive Therapy), achtsamkeitsbasierte kognitive Therapie, nennt. Sie verbinden die Praxis der Achtsamkeit mit Elementen der kognitiven Therapie.

Da die Achtsamkeit die Wahrnehmung und Aufmerksamkeit schult, können wir immer früher wahrnehmen, wenn sich die Dinge in unserem Leben, Körper und Geist verändern. Wir erkennen, wie wir denken, wie wir bewerten, was uns guttut und was uns nicht so guttut, und erlernen die Fähigkeit, bewusst Abstand zu nehmen und die Position des neutralen Beobachters einzunehmen. Damit erlangen wir immer größere Gestaltungsmöglichkeiten für unser Leben.

Menschen, die schon öfter Depressionen erlebt haben, berichten häufig, dass sie sehr wohl merken, wie sich in ihrem Leben etwas zu verändern beginnt, und sie wahrnehmen, dass sie sich in Richtung Depression bewegen. Irgendwann kommen sie an einen Punkt, wo sie meinen, keinen Einfluss mehr auf ihre Stimmung nehmen zu können. Die Grübelschleife beginnt sich immer schneller zu drehen und sie immer tiefer in den Abgrund der Traurigkeit hineinzusaugen. Manche berichten auch von kurzen Zeiten vor der Depression, die voller Licht und Schaffenskraft, voller ungewohnter Kreativität sind und in denen die Umgebung wie durchscheinend wirkt, bis alles von heute auf morgen in eine tiefe Traurigkeit umschlägt. Andere erleben ein für sie selbst dramatisches Ereignis wie eine Trennung oder den Verlust des Arbeitsplatzes, der die Depression auslöst.

Trauerreaktionen nach Verlust sind vollkommen normal; wenn diese Trauer allerdings sehr lange anhält und vielleicht sogar an Intensität zunimmt, kann es sich auch um eine Depression handeln. Es ist grundsätzlich ratsam, dies von einem Experten abklären zu lassen. Scheuen Sie sich nicht, Hilfe zu suchen. Sprechen Sie mit Ihrer Hausärztin oder Ihrem Hausarzt, und man wird Ihnen die Unterstützung geben oder vermitteln, die Sie jetzt brauchen. Vielleicht plagt Sie das Gefühl, versagt zu haben, es nicht wert zu sein, Hilfe zu erfahren. Auch das sind Symptome der Depression. Unser gesunder Menschenverstand hat sich in dieser Zeit verabschiedet, und es ist heilsam, sich Rat und Unterstützung bei dafür ausgebildeten Menschen zu holen.

Achtsamkeit kann helfen, dass wir die Symptome richtig wahrnehmen. So wie ein Barometer das Wetter anzeigt, so zeigen unser Organismus und die Aktivität unseres Geistes unser »psychisches Wetter« an. Um es erkennen zu können, brauchen wir eine gutgeschulte Aufmerksamkeit. Wenn Sie schon mehrere Depressionen erlebt haben, verfügen Sie über das Wissen, wie sich bei Ihnen eine Depression entwickelt. Sie wissen, was Ihnen guttut und was sich depressionsverschärfend auf Sie auswirkt.

In meinem bisherigen Leben habe ich zweimal eine Depression erlebt. Die erste entwickelte sich aufgrund einer Trennung und die zweite, knapp ein Jahr später, aufgrund eines Burnouts. Während die erste ungefähr nach zwei Monaten abklang, blieb die zweite fast neun Monate. Seither bin ich anfällig für Depressionen. Ich merke, wenn sie kommt, und bisher konnte ich mit Hilfe der Achtsamkeit einen Rückfall verhindern. Meistens geht dem eine Phase intensiver Belastung voraus. Täglich übe ich, in der Balance zu bleiben. Wenn ich merke, dass sich Traurigkeit in mein Leben schleicht, ist dies der Moment, in dem es für mich besonders wichtig wird, genau das wahrzunehmen und zu schauen, was mich gerade erschöpft und wie ich mir wieder mehr Raum geben kann. Raum zum Auftanken, zum Durchatmen. Das beinhaltet für mich auch, Konsequenzen zu ziehen und das auch nach außen hin zu vertreten. Das ist kein Luxusproblem, es ist lebensnotwendig. Niemandem ist gedient, wenn ich in eine Depression abgleite, dafür aber noch brav einen Termin wahrgenommen habe, der meine letzten Energiereserven aufgebraucht hat. Also plane ich mehr Pausen und Raum für Erholung ein. Auch wenn ich mehr Termine wahrnehmen und so auch entsprechend mehr Geld verdienen könnte, ziehe ich den größeren Erholungsraum vor, denn mit einer sich aus Belastung ergebenden Depression kann ich vielleicht monatelang nicht arbeiten und dann erst recht nicht für meinen Lebensunterhalt sorgen. Achtsamkeit ist sehr pragmatisch. Tue, was getan werden muss. Punkt. Und wenn man nichts tun kann, praktiziert man eben ganz bewusstes Nichtstun. Das hat heilsame Wirkung auf den Geist, denn es holt uns aus dem Produktivitätszwang heraus, den viele von uns von Kindesbeinen an gelernt, ja regelrecht eingebleut bekommen haben. Und so leben wir nun mit einem dauerhaft schlechten Gewissen, wenn wir einfach mal nichts tun wollen, weil wir müde sind. Stattdessen räumen wir die Spülmaschine aus oder lesen ein Buch, damit wir wenigstens irgendetwas tun. Die Erlaubnis zum Nichtstun ohne schlechtes Gewissen ist heilsam und bedeutet Erwachsenwerden und Verantwortung für das eigene Tun oder eben Nichtstun zu entwickeln. Bei Erschöpfungsdepressionen wirkt dieser Raum des Seins wahre Wunder. Gönnen Sie sich diese Zeit, es ist Ihre Zeit der Heilung. Meditieren Sie nicht, seien Sie einfach. Sitzen Sie einfach auf Ihrer Couch, und schauen Sie zum Fenster raus. Das ist die beste Anti-Erschöpfungs-Depressions-Meditation. Geben Sie sich selbst Raum, nehmen Sie Kontakt auf zum gegenwärtigen Moment. Sind Sie präsent, bleiben Sie im Augenblick und widerstehen Sie dem Drang, sich den Gedankenschleifen hinzugeben, bekommt der Geist Raum, sich aus der Enge der Ansprüche und Gedanken zu befreien, und gelangt in seinen natürlichen Seinszustand zurück, der frei und fließend ist, einhergehend mit Gefühlen von stiller Freude und Gleichmut. Depression hat an dieser Stelle keine Chance mehr.

Es ist hilfreich, sich eine Liste von Aktivitäten zu machen, die sich positiv auf unser Gemüt auswirken: zum Beispiel lustige Filme anschauen, Spaziergänge in der Natur, Musik machen, malen, Freundinnen und Freunde besuchen und etliches andere mehr. Solange die Depression nicht manifest geworden ist, können uns viele kleine Dinge nähren und uns helfen, wieder ins Gleichgewicht zu kommen. Jeder Mensch hat seine eigenen Vorlieben. Achten Sie auf die Aktivitäten und Dinge, die Ihnen wohltun, und tun Sie sie gerade dann oder umgeben Sie sich mit ihnen, wenn Sie merken, dass Ihr Stimmungsbarometer fällt. Bitten Sie andere um Hilfe, wenn Sie sich selbst nicht mehr motivieren können. Erzählen Sie ihnen, was mit Ihnen passiert, und lassen Sie sich von ihnen mitnehmen.

Wir vergessen in der Depression schnell, wie wir uns gefühlt haben, als wir keine Depression hatten, wie viel Freude wir bei alltäglichen Aktivitäten empfanden. Das scheint nicht mehr zu unserem Leben zu gehören. Die Traurigkeit scheint alles aufgefressen zu haben, wie ein großes schwarzes Tier. Wieder die Dinge zu tun, die wir sonst auch getan haben und die uns Freude machten, kann uns mit den Erfahrungen vor der Depression verbinden und uns zeigen, dass das Leben uns tatsächlich noch mehr zu bieten hat als Traurigkeit. Mein Bruder nahm mich damals regelmäßig mit zum Tanzen. Er wusste, wie gerne ich tanzte, doch in der dunklen Zeit konnte ich mich nicht dazu motivieren. Er rief mich an, holte mich ab und wir tanzten zusammen. Auch wenn ich es mir zunächst gar nicht vorstellen konnte, mich trotz meiner Traurigkeit zur Musik zu bewegen, begann ich langsam meine Traurigkeit zu tanzen. Mein ganzer Körper kam langsam in Fluss. Es tat einfach gut und hat Freude gemacht und gab mir den Mut, mich wieder nach draußen zu wagen.

Wenn Sie sich in einer akuten Depression befinden, kann Ihnen die Achtsamkeit helfen, diese Zeit durchzustehen. Sie sollten in dieser Zeit jedoch nicht meditieren. Es wäre kontraproduktiv, es sei denn, Sie sind schon über Jahre sehr gut geübt darin, aus den Gedankenketten auszusteigen und seien sie noch so massiv.

Andernfalls trainieren Sie statt des Loslassens von Gedanken unbeabsichtigt das Grübeln. Schauen Sie eher, ob Ihnen leichte Bewegung guttut, vielleicht ein kleiner Spaziergang, und wenn Sie nur zum Laden um die Ecke gehen, um eine Tüte Milch zu holen. Bewegen Sie sich. Vielleicht tut Ihnen auch Yoga gut. Egal, was Sie tun, bitte beachten Sie, dass es nicht darum geht, gegen die Depression anzukämpfen. Wie immer, wenn wir gegen etwas ankämpfen, nähren wir es damit und verschlimmern es dadurch. Ähnlich wie bei einer Fliege, die im Spinnennetz gefangen ist: Sie zappelt, um sich zu befreien, und verstrickt sich damit noch viel mehr. Versuchen Sie trotz der dunklen und trüben Stimmung, trotz der Lähmung, die Sie vielleicht verspüren, und trotz der Traurigkeit, mehr Bewusstheit in Ihr Leben zu bringen. Beginnen Sie, die Dinge in Ihrem Leben wirklich anzuschauen. Ich weiß, es ist schwer, aber es ist nicht unmöglich. Sorgen Sie für sich, aber erwarten Sie nicht, dass die Depression jetzt verschwinden muss, nur weil Sie Achtsamkeit praktizieren. Manchmal haben wir ein schlechtes Gewissen, weil wir immer noch in diesem Zustand gefangen sind. Wir fühlen uns wertlos, hoffnungslos und sind voller Scham. Atmen Sie, nehmen Sie das alles an. Es muss nichts anders sein, als es jetzt gerade ist. Geben Sie sich den Raum, so sein zu dürfen. Denn wenn wir uns in diesem Zustand auch noch ablehnen, werden wir immer trauriger, denn wir verlassen uns und hören auf, uns selbst zu akzeptieren. Das ist wirklich traurig. Beginnen Sie langsam, sich selbst wieder näherzukommen. Beginnen Sie, wieder mit sich selbst Freundschaft zu schließen, so, wie Sie jetzt gerade sind, traurig, müde, erschöpft, einsam. Kommen Sie wieder zu sich zurück, halten Sie sich selbst die Hand, essen Sie etwas Leckeres, schauen Sie hinaus, nehmen Sie ein Bad und so weiter. Vielleicht empfinden Sie nicht die gleiche Freude oder einen ebensolchen Genuss wie früher, vielleicht fühlen Sie erst einmal auch gar nichts und machen alles einfach nur mechanisch. Egal, tun Sie es einfach. Nehmen Sie Kontakt zu Ihrem Atem auf. Atmen Sie, ohne etwas Bestimmtes erreichen zu wollen. Einfach nur atmen und beim Atem bleiben. Wo sitzen Sie gerade? Was können Sie spüren, an Ihren Händen, Ihrem Gesäß, Ihrem Rücken? Was hören Sie? Was riechen Sie?

Jeder Tag ist anders, auch wenn uns in einer depressiven Zeit jeder Tag gleich vorkommen mag. Vielleicht sogar vollkommen sinnlos. Achten Sie darauf, wie sich das Licht des Tages verändert. Welche kleinen Veränderungen gibt es, was für Geräusche sind da, wie fühlen Sie sich? Sind Sie immer nur traurig, oder gibt es Zeiten, in denen Sie sich anders fühlen? Was ist dann anders? Was machen Sie dann anders? Beginnen Sie den ganz normalen Kleinigkeiten in Ihrem Leben wieder Beachtung zu schenken. Wie riecht Ihre Wäsche, wenn Sie sie aus der Waschmaschine holen? Wie fühlen Sie sich bei dem Geruch? Achten Sie darauf, wie sich Ihre Stimmung verändert, wenn Sie etwas Gutes essen.

Es ist wichtig, in dieser Zeit keine wichtigen Entscheidungen zu fällen, da unsere Wahrnehmung und Entscheidungsfähigkeit eingeschränkt und durch Emotionen verzerrt sind. Schauen Sie, ob Sie sich Ihr Leben in dieser Zeit leichter machen, vielleicht die Arbeitszeit verkürzen oder sich krankschreiben lassen können. Ich kenne Menschen, die diese Zeit wie ein Retreat nutzen. Sie gehen viel spazieren, lesen, schlafen, geben sich Raum, so zu sein, wie sie sind. Bis sie irgendwann wieder aus dieser Zeit auftauchen, die Phase abklingt, sich verändert.

Die Achtsamkeit kann helfen, in diesen Zeiten nicht in Panik zu verfallen und mehr Gelassenheit den Emotionen und Zuständen des Geistes gegenüber zu entwickeln, ihre Vergänglichkeit zu sehen, so dass diese Zeiten leichter zu durchstehen sind, mit mehr Akzeptanz, mit mehr Raum für das eigene So-Sein.

Vergänglichkeit

Das Leben vergeht wie Rauch, der durch ein Schlüssel-
loch zieht.   Aus dem Kinofilm
»DAS BESTE KOMMT ZUM SCHLUSS«

Das Leben ist vergänglich. Alles in diesem Universum ist in
ständiger Wandlung begriffen. Nichts bleibt, wie es ist, dauernd
ist alles in Bewegung. Das ist das, worauf wir wirklich vertrauen
können. An der Vergänglichkeit kann man zerbrechen oder Sicherheit gewinnen. Sicherheit in der Unsicherheit? Ist dies nicht
paradox? Nein, denn wir leiden, weil wir die Vergänglichkeit,
das Fließen der Zeit und die Veränderung der Gegebenheiten
nicht akzeptieren können. Wir leiden, weil wir älter werden,
weil sich Dinge, die wir lieben, von uns weg bewegen oder weil
neue Dinge in unser Leben treten, die wir nicht in unserem Leben haben möchten, vor denen wir uns vielleicht sogar fürch-
ten. Wir versuchen, alles so sicher wie möglich zu gestalten, uns
vor der Vergänglichkeit, vor der Unbeständigkeit der Dinge zu
schützen. Ganze Industriezweige nutzen die Angst der Menschen vor der Vergänglichkeit. Antiaging ist ein boomender
Markt, Nahrungsergänzungsmittel, Fitness, Lifting, Kosmetik,
Versicherungen und so vieles mehr, was das Vergehen der Zeit
verzögern, verhindern oder die Folgen absichern soll. Der Tod
rückt Sekunde für Sekunde näher – seit unserer Geburt. Er gehört zum Leben dazu, ja, er macht es sogar erst vollständig,
wirkt wie ein Scharfzeichner in einem Bild, das vorher unscharf
war. Doch statt uns dessen bewusst zu sein, klammern wir diesen entscheidenden Faktor unseres Lebens lieber aus.
Wir wissen nicht, wann wir sterben. Da sich das Leben dauernd
wandelt, Sekunde für Sekunde, können wir in der nächsten Se-

kunde schon tot sein. Wer weiß das schon. Doch in der Regel leben wir so, als hätten wir noch ganz viel Zeit, als würde es immer ein Morgen geben. Wir surfen im Internet, zappen uns durch verblödende Fernsehsendungen, lassen uns in den Pausen mit Werbung berieseln und warten. Worauf warten wir eigentlich? Währenddessen verrinnt Sekunde für Sekunde unser Leben. Dauernd verschieben wir Dinge in die Zukunft. Wenn ich erst …, dann kann ich ja … Das ist ein großer Irrtum, wie manche, die vorzeitig am unverhofften Ende ihres Lebens anlangten, feststellen mussten.

Auch wenn jede Sekunde unsere letzte sein könnte, heißt das nicht, dass wir in Panik verfallen müssen. Es war noch nie anders. Seit unserer Geburt leben wir mit dieser Möglichkeit. Vielleicht nicht besonders bewusst. Vergänglichkeit ist ein wesentlicher Aspekt in der Praxis der Achtsamkeit, denn sie ist ein zentraler Bestandteil unseres Lebens. Es wäre fatal, davor die Augen zu verschließen.

Wenn die Vergänglichkeit mehr in unser Bewusstsein rückt, kann uns das in Angst und Schrecken versetzen, es kann aber auch unser Leben reicher machen. Es kann eine Art Kontrastmittel sein, das Farben, Gerüche und Erlebnisse klarer werden lässt. Wie würden Sie Ihr Leben leben, wenn Sie bewusst davon ausgehen, dass jeder Moment Ihr letzter Moment sein könnte? Was würden Sie anders machen? Vielleicht versöhnen Sie sich schneller nach einem Streit, weil Ihnen klar wird, dass Zeiten des Streits Zeitverschwendung sind. Vielleicht sagen Sie Menschen, die Sie wirklich lieben, viel öfter und aus ganzem Herzen, wie sehr Sie sie lieben. Vielleicht beginnen Sie, die Dinge, die Sie schon immer mal tun wollten, auch wirklich zu tun und nicht immer nur zu verschieben. Vielleicht beginnen Sie endlich wirklich zu leben.

Achtsamkeit bedeutet aus ganzem Herzen zu leben, Vergänglichkeit und Tod vollkommen akzeptierend.

Den Weg gehen

Ich hoffe, Sie haben in diesem Buch einige hilfreiche Anregungen für sich finden können. Vielleicht taucht nun bei Ihnen die Frage auf, wie Sie Ihre Übungspraxis konkret gestalten können. Dazu möchte ich Ihnen an dieser Stelle einige Anhaltspunkte geben:

- Richten Sie sich einen festen Übungsplatz ein, und gestalten Sie ihn nach Ihrem Geschmack.
- Üben Sie die Meditation täglich! Nur so erschließt sich die Achtsamkeit in ihrer Feinheit.
- Üben Sie nach einer Orientierungsphase immer zur gleichen Zeit.
- Benutzen Sie am Anfang die CD, bis Sie das Gefühl haben, auch ohne Anleitung zentriert zu bleiben.
- Besinnen Sie sich während des Tages immer wieder auf Ihren Atem, und verbinden Sie sich mit dem gegenwärtigen Moment. Bemerken Sie, wenn Sie Dinge automatisch machen.
- Nutzen Sie im Alltag kleine Momente für eine Mini-Meditation, einen Atem-Raum oder achtsames Tee-Trinken.
- Schauen Sie, ob es Ihnen möglich ist, Momente der Stille im Alltag zu etablieren.
- Üben Sie, bei alltäglichen Schwierigkeiten mit Hilfe Ihres

Atems präsent und zentriert zu bleiben. Erhöhen Sie langsam den Schwierigkeitsgrad.

Helfer auf dem Weg

Achtsamkeits- bzw. Meditationsgruppen

Wenn Sie Achtsamkeit in Ihrem täglichen Leben üben und praktizieren wollen, ist es sehr hilfreich, sich einer Achtsamkeits- bzw. Meditationsgruppe anzuschließen. Die regelmäßigen Treffen und gemeinsamen Meditationen werden Sie ganz sicher in Ihrer Praxis unterstützen. Sie können sich mit Gleichgesinnten austauschen, Fragen klären und finden unkompliziert Hilfe, wenn sich Schwierigkeiten in der Praxis zeigen. Sie werden mit Sicherheit auf Verständnis treffen, und die anderen werden Ihnen aus eigener Erfahrung berichten, wie sie selbst damit umgegangen sind. Treffen mit Gleichgesinnten stabilisieren die eigene Praxis sehr, und ich kann Sie nur ermutigen, sich eine solche Gruppe zu suchen. Kontaktadressen finden Sie im Anhang.

Lehrer

Es ist sinnvoll, sich einen guten Achtsamkeits- und Meditationslehrer zu suchen, denn Meditation alleine nur aus einem Buch zu erlernen ist nicht empfehlenswert. Nur ein Lehrer oder eine Lehrerin kann auf Sackgassen hinweisen, die Meditierende einfach nicht sehen können. Es ist Ausdruck von Reife und gesundem Menschenverstand, sich einen Lehrer zu suchen und nicht, wie manche meinen, Schwäche. Es wäre schade um die Zeit, Meditation so zu praktizieren, dass der Geist beispielsweise in Dumpfheit, Stolz und Träumen versinkt. Diese Zustände fühlen sich manchmal wirklich großartig und verlockend an, so als wäre man schon am Ziel der Praxis angekommen und alles würde gut laufen, doch das Gegenteil ist der Fall. Sie schneiden uns von Klarheit und Achtsamkeit ab und verhindern, dass die Praxis wirklich Früchte trägt.

Mit einer Lehrerin oder einem Lehrer zusammenzuarbeiten ist nicht immer angenehm. Ihre Funktion ist es nämlich, uns auf unsere wunden Punkte aufmerksam zu machen. Sie legen genau dort ihren Finger drauf, und das macht nicht immer Spaß. Aber es ist ihr Job, uns immer wieder darauf zu stoßen. Denn genau in diesen Punkten steckt unser Potenzial der Weiterentwicklung. So, wie der Lotos den Morast braucht, um zu gedeihen, so brauchen wir unseren eigenen Mist, um uns zu entwickeln. Wenn wir den nicht erkennen, können wir noch nicht einmal die Knospe eines Gänseblümchens entwickeln.

Vielleicht meinen Sie, dass Sie nur mit einem erleuchteten Wesen arbeiten sollten, da nur ein Erleuchteter wirklich verstehen könne, wo Sie stehen. Dieser Haltung liegen in der Regel Stolz und Hochmut zu Grunde. Der Wunsch, sagen zu können, dass der große Meister XY unser Lehrer ist. Das schindet natürlich Eindruck bei unseren Freundinnen und Freunden. Fatal ist nur, dass es uns in unserer Praxis selten weiterbringt. Denn damit dessen kostbaren Anweisungen und Empfehlungen auch mit unserem Herz und Verstand kompatibel sind, braucht es eine wirkliche Herzensverbindung zwischen Schüler und Lehrer. Wir merken, wenn uns seine Worte direkt berühren, wir uns zu ihm hingezogen, uns sicher und geborgen in seiner Anwesenheit fühlen und eine ganz natürliche vertrauensvolle Öffnung zu spüren ist, so dass wir uns ganz natürlich geben können. Erst wenn wir sein können, wie wir sind, und über alle unsere Fragen und Probleme sprechen können, dann kann uns die Lehrerin oder der Lehrer tatsächlich das geben, was wir brauchen. Uns kann erst dann wirklich geholfen werden, wenn sie wissen, worum es bei uns geht, ähnlich wie ein Arzt all unsere Krankheitssymptome kennen muss, damit er uns entsprechend helfen kann. Wenn wir aber stattdessen so tun, als wäre alles in Ordnung, als hätten wir keine Fragen und unsere Praxis liefe super, werden sie uns nichts geben können.

Wie finde ich einen geeigneten Lehrer?

Meditationskurse werden mittlerweile sehr häufig angeboten, und es gibt eine ganze Reihe von Meditationslehrern. Doch Sie tun gut daran, sorgfältig zu schauen, bevor Sie sich für einen Lehrer, eine Lehrerin entscheiden. Folgende Fragen könnten hilfreich sein:

- Stimmt die Chemie, fühlen Sie sich wohl und angenommen? Wenn ja, ist das schon ein gutes Zeichen. Denn nur so kann wirklich ein intensives Arbeiten gelingen. Wenn nein, folgen Sie Ihrem Bauchgefühl und gehen Sie, auch wenn andere sagen dass er/sie ganz »toll« ist.
- Welche Ausbildung und Hintergrund hat er/sie? Es gibt viele Wege, Lehrer zu werden. Der Schlüssel zum fundierten Lehren ist eine langjährige Schulung in Meditation und die gleichzeitige Zusammenarbeit mit authentischen Lehrern, möglichst einer bestimmten Tradition (zum Beispiel des tibetischen Buddhismus, des Zen oder Vipassana). Faustregel: Jeder Lehrer hat immer selbst einen Lehrer.
- Auf wie viel eigene Meditationserfahrung kann er/sie zurück-

blicken? Es gibt hier keine allgemeingültige Regel. Eine mehrjährige, intensive Praxis sollte aber vorhanden sein, in der der Lehrer seine Praxis selbst immer wieder mit einem Lehrer geklärt hat und darauf auch weiterhin Wert legt. Fühlen Sie ihm/ihr ruhig auf den Zahn.

- Übt er/sie Macht auf Sie aus? Zu lehren bedeutet immer auch Verantwortung. Manche Menschen benutzen das Lehren zur Befriedigung ihres eigenen Machtstrebens. Wenn Sie zu Dingen gezwungen werden, die Sie nicht wollen, bedroht werden, Sie sich benutzt oder manipuliert fühlen oder es gar zu körperlicher Gewalt kommt, sollten Sie sofort Abstand von diesem Lehrer nehmen. Ethisches Verhalten wird unter wirklichen Meditationslehrern großgeschrieben, dazu gehören Respekt, Klarheit, Empathie und ein tadelloser Lebenswandel. Keine gute Lehrerin wird Sie abhängig von sich machen wollen, sondern Ihnen immer den Freiraum zugestehen, zum Beispiel auch zu anderen Lehrenden zu gehen.
- Hilfreich können auch Empfehlungen eines Verbandes oder einer Vereinigung sein. Adressen finden Sie im Anhang.

Retreat

Wenn Sie den Wunsch verspüren, sich einmal länger und intensiver mit der Praxis der Achtsamkeit, insbesondere der Meditation zu befassen, dann kann es sehr hilfreich sein, sich für eine bestimmte Zeit aus dem Alltag zurückzuziehen. Das kann für einen Tag sein, für ein Wochenende oder auch für ein bis mehrere Wochen, sogar für Monate oder Jahre.

Diese Zurückziehung ist eine Zeit der intensiven Praxis, die man im Wesentlichen nur mit sich selbst verbringt und in der man sich auch von alltäglichen Dingen wie Fernsehen, Musikhören, Autofahren, Telefonieren, Freunde treffen, Disko-Besuche, E-Mails schreiben und familiären bzw. beruflichen Verpflichtungen zurückzieht und in Klausur geht.

Es empfiehlt sich, einen dafür speziell geeigneten Ort wie ein Kloster oder ein Retreat-Zentrum aufzusuchen. Hier findet man die notwendigen Bedingungen. Man hat dort ein eigenes Zimmer, es wird für einen gekocht, ein Lehrer, eine Lehrerin ist für Gespräche oder Begleitung ansprechbar, und man ist fern jeglicher Ablenkung.

Während es im Alltag oft schwer ist, tiefe geistige Ruhe zu erfahren, und unser Geist mehr damit beschäftigt ist, die vielen Eindrücke des Tages zu verarbeiten, kann man im Retreat die Erfahrung machen, wie es sich anfühlt, wenn Körper und Geist wirklich zur Ruhe kommen und nicht mehr mit äußeren Eindrücken gefüttert werden. Mit der Zeit hört das Suchen und Greifen nach Ablenkung auf, und man beginnt, mit sich im gegenwärtigen Moment heimisch zu werden. Retreat ist so etwas, wie den Geist auf Urlaub schicken. Plötzlich merkt man erst, wie angespannt und beschäftigt man normalerweise im Alltag ist und wie man sich selbst im Geiste kaum Ruhe und Erholungspausen gönnt, sondern vielmehr Anstrengung mit Anstrengung zu kompensieren versucht oder Reizüberflutung mit erneuter Reizüberflutung.

Im Retreat haben wir viel Zeit zum Nichtstun, und es ist am Anfang vielleicht gar nicht so leicht, einen ganzen Tag nichts zu tun, erscheint einem vielleicht sogar als Zeitverschwendung, denn zu Hause liegt noch der Berg Bügelwäsche, E-Mails müssen noch geschrieben werden, und es gäbe noch so viele Menschen anzurufen, die wir so lange nicht mehr gesprochen haben. Es werden Ihnen mit Sicherheit noch mehr Dinge einfallen. Das ist ganz normal. Es wird immer noch etwas zu tun geben. Retreat ist die bewusste Entscheidung, sich zur Abwechslung den Aktivitäten im eigenen Geist zuzuwenden. Und darum bedeutet Nichtstun auch nicht, dass Sie nur auf Ihrem Bett liegen, schlafen oder die Decke anstarren. Nichtstun meint vielmehr das kultivierte Nichtstun: Meditation.

Es gibt unterschiedliche Arten des Retreats. Mittlerweile findet sich eine ganze Reihe von Angeboten in Klöstern und Meditationshäusern. Es gilt Gruppen- und Einzelretreats zu unterscheiden. Bei Gruppenretreats sind mehrere Personen zusammen, und die Praxis findet meist in einer Meditationshalle statt, während Einzelretreats eine Einzel-Meditationsklausur im eigenen Retreatzimmer bedeuten. Viele Gruppenretreats sind als intensive Meditationsseminare konzipiert, in denen manchmal auch gezielt Inhalte zu einem bestimmten Meditationsschwerpunkt vermittelt und vertieft werden. Dagegen dient die Einzelklausur der individuellen Vertiefung der eigenen Praxis unter der individuellen Betreuung eines Lehrers. Manche Retreats werden in vollkommenem Schweigen gehalten, andere enthalten Schweigephasen und Zeiten des achtsamen Sprechens.

Regelmäßig alle paar Wochen veranstalte ich im Rahmen der über mehrere Wochen laufenden Achtsamkeitskurse (MBSR) einen Tag der Achtsamkeit, einen Gruppenretreat-Tag. Für diesen Tag fährt die ganze Gruppe an einen besonderen Ort, einen zu einem Meditationszentrum umgebauten Bauernhof. Um diesen Hof herum gibt es nur Weiden und Kühe, sonst nichts – also ideale Retreatbedingungen.

Dieser Achtsamkeitstag ist ein Tag der Stille, ein Tag des Schweigens, den wir gemeinsam als Gruppe verbringen. Wir üben Gehmeditation im verwilderten Garten, Sitzmeditation in der Meditationshalle, aber auch Yoga und Body-Scan. Außerdem essen wir in Achtsamkeit, wobei alle eine Kleinigkeit dafür mitbringen.

Die meisten haben anfangs etwas Bedenken vor diesem einen Tag. Das Schweigen in der Gruppe macht ihnen Angst. Doch wenn am Ende des Tages das Schweigen durch das helle Klingen der Zimbeln aufgehoben wird, fällt es vielen schwer, sich vom Schweigen wieder zu lösen und in den Austausch über die Erfahrungen des Tages zu gehen. Still ist der Geist geworden, das Plappern der Gedanken konnte zur Ruhe kommen; es war angenehm, nichts anderes zu tun zu haben, als sich auf die Übungen zu konzentrieren. Das sind die Erfahrungen der meisten. Diese Stille im Geist wirkt nach, nicht nur im alltäglichen Leben, in dem die Dinge häufig nicht mehr so kompliziert erscheinen wie sonst und die Herausforderungen mit mehr Gelassenheit gemeistert werden, sondern auch in der Meditationspraxis. Sie vertieft sich. Die Frucht des intensiven Praktizierens macht sich bemerkbar und motiviert, weiterzuüben. Manche haben danach Lust auf mehr und kommen zu Wochenend-Retreats, um auch nach dem Kurs die Praxis weiterzuvertiefen.

Für mich ist die Zeit der Zurückziehung aus dem Alltag zu einem festen Bestandteil meines Lebens geworden, und ich ziehe mich regelmäßig mehrmals im Jahr für einige Wochen aus dem geschäftigen Leben ins Einzelretreat zurück und widme mich ganz der Übung. Die Erfahrungen, die ich in der Meditation während einer solchen Klausur erlebe, sind von tieferer Qualität, als sie in der alltäglichen Praxis möglich wären. Das hat wiederum Einfluss auf meine Praxis im Alltag, so dass die so gewonnenen Erkenntnisse und Erfahrungen automatisch und unmittelbar Auswirkungen auf mein alltägliches Leben haben. Darüber hinaus ist dies eine Zeit, die ich als sehr nährend und kraftspendend empfinde, in der ich gut auftanken kann.

In der Regel läuft ein Retreat-Tag sehr strukturiert ab: Morgen-Meditation – Frühstück – eine Stunde im Haus mithelfen – Meditation – Teepause – Meditation – Mittagspause – Meditation –

Kaffeepause – Meditation – Abendessen – Abend-Meditation – Nachtruhe. Die Struktur bleibt immer gleich, ob Sie einen Tag oder über mehrere Wochen oder Monate im Retreat sind, einzeln oder in der Gruppe praktizieren. Während dieser Zeit üben Sie neben der formalen Praxis die Achtsamkeit beim Gehen, Zähneputzen, Teetrinken, der Hausarbeit und so weiter. Alle Verrichtungen werden in Achtsamkeit ausgeführt.

Alternativ kann solch ein Tag auch in den häuslichen vier Wänden etabliert werden. Der vietnamesische buddhistische Lehrer Thich Nhat Hanh nennt solch einen Tag »Lazy Day«. Ein Tag, an dem Sie sich voller Bewusstheit von der alltäglichen Geschäftigkeit verabschieden und ein Retreat im Alltag praktizieren. Am besten jede Woche. Diesem Tag können Sie die gleiche Struktur geben, als würden Sie in einem Retreat-Zentrum praktizieren. Da Sie sich an diesem Tag sehr wahrscheinlich das Mittagessen selber zubereiten müssen, kommt noch die Übung des achtsamen Kochens hinzu. Ein solcher Tag stellt eine wunderbare Gelegenheit dar, sich eine Insel der Übung, Stille und Nährung für den Geist zu schaffen.

Probieren Sie es einfach einmal aus. Ihre Achtsamkeitspraxis und Ihre Erfahrungen werden sich ungemein vertiefen.

Einmal achtsam, immer achtsam?

Wer einmal mit der Übung der Achtsamkeit angefangen hat und sich entschlossen hat, diesem Weg zu folgen, geht in der Regel sein Leben lang weiter.

Je nachdem, welches die anfängliche Motivation war, kann es jedoch vorkommen, dass mit der Zeit die Praxis im Zuge des

Alltags wieder sehr in den Hintergrund tritt. Die Schmerzen haben sich vielleicht gebessert, die Depression ist verschwunden, eine neue Liebe ist gefunden oder der Job gerade vollkommen unstressig. Keine Notwendigkeit also, weiter achtsam zu sein – meinen Sie. Und so verschiebt man die Meditation auf morgen, dann wieder auf morgen, und nach ein paar Wochen stellt man fest, dass man vollkommen rausgekommen ist. Alte Gewohnheiten, die man doch so prima in den Griff bekommen hatte, tauchen auf einmal wieder auf, und plötzlich ist es, als wüchse hohes Unkraut auf den Achtsamkeits-Pfaden. Der Weg auf das Kissen erscheint unüberwindbar, und es gibt dauernd etwas weitaus Interessanteres zu tun als Achtsamkeitspraxis. Bis der Punkt kommt, wo alles kippt. Die Liebe hat sich verflüchtigt, der Job ist stressig, und eine Depression ist im Anmarsch. Und dann? Gut wenn das Meditationskissen noch da liegt, und Sie es noch nicht bei *ebay* verkauft haben. Fangen Sie einfach wieder an. Nehmen Sie sich dieses Buch aus dem Schrank, lesen Sie und setzen Sie sich auf Ihr Kissen. Beginnen Sie wieder mit fünf Minuten Meditation, atmen Sie bewusst, trinken Sie in Achtsamkeit eine Tasse Tee und schauen Sie, wie es läuft. In der Achtsamkeit zählt immer nur der Moment, in dem man wieder anfängt. Hören Sie auf, ein Drama daraus zu machen, dass Sie die Praxis verloren haben. Es ist nichts Ungewöhnliches daran. Jeder Praktizierende erlebt so etwas. Fangen Sie einfach wieder an. Ja, Achtsamkeit verliert sich mit der Zeit, wenn man sie nicht trainiert, genauso wie Kondition und Muskulatur schwächer werden, wenn man keinen Sport mehr macht. Aber, Sie können jederzeit einfach wieder anfangen. Und vielleicht ist dieses Erlebnis für Sie eine gute Motivation, die Praxis ab jetzt beizubehalten, damit Sie dauerhaft gut für sich selbst sorgen können. Schauen Sie, was passiert. Es ist ein Experiment, mehr nicht. Sie wissen nun, wie es sich mit Achtsamkeitspraxis anfühlt und wie es sich anfühlt, die Achtsamkeit zu verlieren. Entscheiden Sie für sich, was Sie in Ihrem Leben etablieren möchten und wie sich Ihr Leben anfühlen soll. Die Verantwortung liegt bei Ihnen.

Freiheit

Wenn wir etwas in unserem Leben etablieren, muss uns klar sein, wohin wir wollen, damit sich die Kraft auf dem Weg vollkommen entfalten kann. Der Buddha lehrte Meditation, um den Menschen ein Werkzeug zu geben, das Leiden in ihrem Leben zu überwinden. Doch was bedeutet das konkret? Leiden hört sich sehr pessimistisch an. Wir leiden doch nicht nur. Und doch haben wir es in unserem Leben immer wieder mit Situationen zu tun, die für uns nur sehr schwer zu ertragen sind, und auch in sehr schönen Momenten schwingt schon unterschwellig der Geschmack von Verlust und Leid mit, weil wir diesen Moment so gerne festhalten und konservieren würden. Doch er vergeht und zerrinnt wie Sand zwischen unseren Fingern. Das tut mehr oder weniger weh. Damit umgehen zu lernen mit Hilfe der Achtsamkeit und der Meditation, das ist der Weg, den der Buddha gelehrt hat.

Seine Überlegungen und die Techniken und Übungen, die der Buddha entwickelt hat, können uns helfen, unsere unbewussten und unüberlegten Handlungen und Impulse zu erkennen, zu reflektieren und mit diesem Wissen eine bewusste, achtsame Entscheidung für unser Leben zu fällen. Ein Leben mit weniger blindem Aktionismus, mehr Gelassenheit und Selbstbestimmung. Und so wird es uns möglich, mit Hilfe der Achtsamkeit, je nach persönlichen Möglichkeiten und Praxisintensität, unsere Freiheit wiederzuerlangen, eine Freiheit, die schon immer bestanden hat und die wir nun wiederentdecken können. Die Freiheit, unser Leben in die Hand zu nehmen, es aktiv zu gestalten und zu leben und wacher und klarer auf unserem Weg zu Glück und Zufriedenheit zu werden, immer unabhängiger von äußeren Umständen.

Die letzte Belehrung Milarepas

Die Tibeter kennen viele Geschichten über Meditierende. Unter anderem die Geschichten von Milarepa, Tibets großem Yogi und Dichter. Er lebte und meditierte in den Höhlen des Himalaya-Gebirges und erlangte große meditative Meisterschaft und Weisheit. Einer seiner begabtesten Schüler war Gampopa. Er hatte bei Milarepa viele Jahre seines Lebens gelebt und gelernt. Und wie alles, ging auch diese Zeit einmal zu Ende und Gampopa musste Milarepa verlassen. Gampopa bat seinen Meister zum Abschluss seiner Lehrzeit noch um eine letzte mündliche Unterweisung, doch Milarepa gab ihm zu verstehen, dass er nichts mehr zu lernen hatte. Ohne Milarepa noch ein weiteres Wort der Instruktion entlocken zu können, verließ Gampopa seinen Meister. Doch nachdem er schon ein ganzes Stück gegangen war, schrie Milarepa ihm hinterher: »Eine Belehrung habe ich noch für dich, mein Herzenssohn, und diese ist so geheim, dass sie nur ganz wenigen Auserwählten zuteilwird. Beherzige sie!« Er drehte sich um, hob sein Gewand und entblößte sein nacktes Hinterteil. Es war voller Schwielen vom vielen Meditieren. Gampopa verstand die Belehrung: Von nichts kommt nichts, und das bedeutet sitzen, sitzen und noch mal sitzen.

Training, Training, Training

So, wie ein Schwimmlehrer seinem Schüler nur die Technik zeigen, ihm das Schwimmen jedoch nicht abnehmen kann, so können die Worte in diesem Buch für Sie nur eine Anleitung sein. Schwimmen müssen Sie selbst. Darum stürzen Sie sich in die Fluten des Lebens. Trainieren Sie! Ihr Meditationskissen wird Ihr Trainingsbecken sein und der Alltag das weite Meer. Üben Sie, bilden Sie Ihre Achtsamkeitsmuskeln aus, und Ihre kontinuierliche Übung wird Sie beständig durch die Fluten tragen.

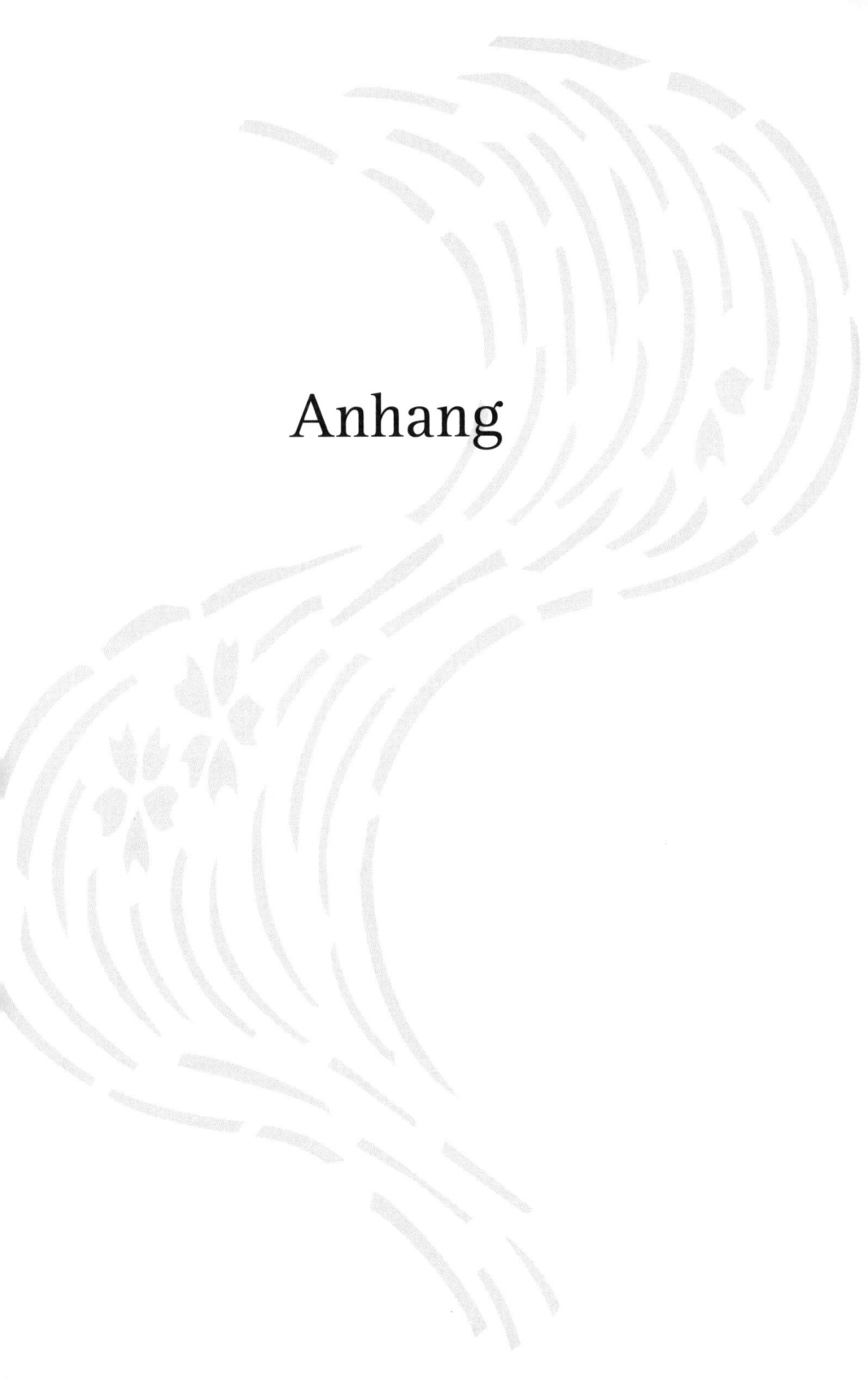

Anhang

Adressen

Infos zu Stressbewältigung durch Achtsamkeit (MBSR) und Achtsamkeitsbasierter Kognitiver Therapie (MBCT) + Verzeichnis der Weiterbildungsinstitute und zertifizierte MBSR- und MBCT-Lehrer nach Postleitzahlen sortiert:

MBSR-Verband
Muthesiusstr. 6 · D-12163 Berlin
Tel. +49 - (0) 30 - 79 70 11 04
kontakt@mbsr-verband.org
www.mbsr-verband.org

Infos, Kurse, Seminare und Retreats zu Achtsamkeit, Meditation, MBSR und MBCT + achtsamkeitsbasierte Psychotherapie nach dem Heilpraktikergesetz und Coaching:

Relax Body & Mind
Institut für ganzheitliche Gesundheit
Maren Schneider
Bahlenstr. 42 · D-40589 Düsseldorf
Tel. +49 - (0) 211-2 20 41 26
info@relax-body-and-mind.de
www.relax-body-and-mind.de

Retreat- und Praxis-Platz + gute Lehrer der tibetisch-buddhistischen Karma Kagyü Tradition:

Zentrum für buddhistische Studien und Meditation
Hofmannshöhe 1 · D-36433 Moorgrund-Möhra
Tel.: +49 – (0) 36 95 – 85 07 52
dharmazentrum-moehra@gmx.de
www.dharmazentrum-moehra.de

Verzeichnis von Meditationsgruppen deutschlandweit und Informationen zum Buddhismus:

Deutsche buddhistische Union e.V.
Amalienstr. 71 · D-80799 München
Tel.: +49 – (0) 7 00 - 28 33 42 33
dbu@dharma.de
www.dharma.de

Österreichische Buddhistische Religionsgesellschaft
Fleischmarkt 16, A-1010 Wien (Österreich)
Fon: +43 - (0)1 - 5 12 37 19
Web: http://buddhismus-austria.at
E-Mail: office@buddhismus-austria.at

Schweizerische Buddhistische Union
Postfach 1809, CH-8021 Zürich (Schweiz)
Fon: + 41 - (0)1 - 4 61 15 24 (jeweils Dienstag 8:00-12:00 Uhr)
Web: www.sbu.net
E-Mail: info@sbu.net

Literatur

Fred von Allmen, *Buddhismus*, Berlin: Theseus 2007
Fritjof Bergmann, *Neue Arbeit, Neue Kultur*, Freiamt: Arbor 2004
Pema Chödrön, *Beginne, wo Du bist*, Freiamt: Arbor 1997
Pema Chödrön, *Die Weisheit der Ausweglosigkeit*, Freiamt: Arbor 2004
Pema Chödrön, *Wenn alles zusammenbricht*, München: Goldmann-Arkana 2001
Mahathera Henepola Gunaratana, *Die Praxis der Achtsamkeit*, Heidelberg: Kristkeiz 1996
Thich Nhat Hanh, *Im Hier und Jetzt zu Hause sein*, Berlin: Theseus 2006
Thich Nhat Hanh, *Das Wunder der Achtsamkeit*, Berlin: Theseus 1997
Thich Nhat Hanh, *Das Wunder des bewussten Atmens*, Berlin: Theseus 2000
Jon Kabat-Zinn; *Gesund durch Meditation*, Frankfurt: O.W. Barth 2003
Jon Kabat-Zinn, *Im Alltag Ruhe finden*, Freiburg: Herder spektrum 1998
Jack Kornfield/Joseph Goldstein, *Einsicht durch Meditation*, Freiamt: Arbor 2007
Linda Lehrhaupt, *Stille in Bewegung*, Berlin: Theseus 2005
Lama Lhündrup, *Sutra on Mindfulness (Satipatthana)* *www.someglimpses.com* 2007
Segal, *Das Achtsame Gehirn*, Freiamt: Arbor 2007
Gendün Rinpoche, *Herzensunterweisungen eines Mahamudra-Meisters*, Berlin: Theseus 1999
Sogyal Rinpoche, *Das Buch vom Leben und vom Sterben*, Frankfurt: O.W. Barth 2001

Segal, Williams und Teasdale, *Die Achtsamkeitsbasierte Kognitive Therapie der Depression*, Tübingen: dgvt 2008

Anmerkungen

1 Lama Lhündrup, Sutra_on_Mindfulness_(Satipatthana) www. someglimpses.com, 2007, Übersetzung: Lama Lhündrup/Kay Zumwinkel.
2 Thich Nhat Hanh, *Das Wunder des bewussten Atmens*, Berlin: Theseus 2000, S. 18.
3 Jack Kornfield/ Joseph Goldstein, *Einsicht durch Meditation*, Freiamt: Arbor 2006.
4 Khalil Gibran, *Der Prophet*, München: Deutscher Taschenbuch Verlag 2007, S. 61.
5 Frithjof Bergmann, *Neue Arbeit, Neue Kultur*, Freiamt: Arbor 2004.
6 Khalil Gibran, *Der Prophet*, München: Deutscher Taschenbuch Verlag 2003, S. 14 ff.
7 Khalil Gibran, *Der Prophet*, München: Deutscher Taschenbuch Verlag 2007, S. 61.

Buch & CD-Empfehlungen
für die eigene Übungs-Praxis:

Qi Gong:

Qi Gong. Entspannt, gelassen und hellwach – Buch mit CD,
Wilhelm Mertens und Helmut Oberlack, München:
Gräfe & Unzer 2003
Das große Qi-Gong-Basisbuch - Buch mit CD Sun Weizhong,
München: Knaur 2007
Stille in Bewegung – Linda Lehrhaupt, Berlin: Theseus 2005

Meditation & Body-Scan:

Stressbewältigung durch die Praxis der Achtsamkeit – Buch
mit CD, Jon Kabat-Zinn, Freiamt: Arbor 1999
Die heilende Kraft der Achtsamkeit – Buch mit CD
Jon Kabat-Zinn, Ulrike Kesper-Grossman, Freiamt: Arbor 2004
Meditation für Anfänger – Buch mit CD Jack Kornfield,
München: Goldmann 2005

Yoga:

Achtsamkeits-Yoga Frank J. Boccio, Freiamt: Arbor 2006
Yoga mehr Energie und Ruhe – Buch mit CD Anna Trökes,
München: Gräfe & Unzer 2002

Über die Autorin

Maren Schneider, geb. 1971, ist zertifizierte Lehrerin für Stressbewältigung durch Achtsamkeit (MBSR) und für Achtsamkeitsbasierte Kognitive Therapie (MBCT). Sie absolvierte ihre Ausbildungen u. a. bei Linda Myoki Lehrhaupt, Jon Kabat-Zinn und Mark Williams und leitet deutschlandweit Seminare, Kurse und Retreats für Privatpersonen, Bildungsträger und Unternehmen zu den Themen Achtsamkeit, Meditation, Stress- und Burnout-Bewältigung. Darüber hinaus begleitet sie als Coach und Heilpraktikerin für Psychotherapie Menschen in Umbruchphasen, Stress- und Krisenzeiten.

Die Basis ihrer Lehrtätigkeit bilden ihre eigenen, durch langjährige Meditationspraxis in der tibetisch-buddhistischen Tradition des Dhagpo-Mandalas der Karma-Kagyü-Tradition gesammelten Erfahrungen, regelmäßige Retreats, ihr intensives Studium des Buddha-Dharma und Unterweisungen durch ihre Lehrerinnen und Lehrer. 2006 erhielt sie die Erlaubnis, die Grundlagen des buddhistischen Weges alltagsbezogen zu vermitteln.